Christoph Jenisch
Herzlich wie Handkäs

Christoph Jenisch

Herzlich wie Handkäs

Unglaubliches über die Hessen

SOCIETÄTS
VERLAG

Alle Rechte vorbehalten • Societäts-Verlag
© 2012 Frankfurter Societäts-Medien GmbH
Satz: Nicole Ehrlich, Societäts-Verlag
Umschlaggestaltung: Nicole Ehrlich, Societäts-Verlag
Covermotiv: fotolia © photocrew
Druck und Verarbeitung: CPI – Ebner & Spiegel, Ulm
Printed in Germany 2012

ISBN 978-3-942921-80-0

Wieder für Dirk

Inhaltsverzeichnis

Un wär' sch e Engel un Sonnekalb,
e Fremder is immer von außerhalb!
Friedrich Stoltze

Elvis und die Hessen

Als Elvis Presley vom 1. Oktober 1958 bis zum 2. März 1960 in der Wetterau seinen Militärdienst ableistete, war eigentlich alles wie sonst: Kreischende Mädchen, für die das Tragen von Hosen und Lippenstift Ausdruck eines irgendwie rebellischen Verhaltens war; Jungs, die voller Stolz zeigten, dass sie die gleiche Frisur trugen wie der King of Rock'n'Roll (na ja, jedenfalls die Frisur, die er getragen hätte, wenn er nicht gerade beim Armeefriseur gewesen wäre); und Zeitungen, die hyperventilierend, aber minutiös über einen „heulenden Derwisch"[1] und seinen angeblich verderblichen Einfluss auf Sitten und Moral der Jugend berichteten. Also alles wie zu Hause. Außerdem hatte Elvis ja auch seinen Vater Vernon, seine Großmutter Minnie Mae und seinen Teddybären mit nach Deutschland gebracht sowie zwei rabaukenhafte Leibwächter mit den großartigen Namen Red West und Lamar Fike. Er verdiente nach wie vor jeden Monat 100.000 Dollar, neben denen sich sein Sold von knapp 100 Dollar geradezu putzig ausnahm. Und wie zu Hause ernährte er sich von Eiern, Steaks und Mais sowie Toastbrot mit Erdnussbutter und zerdrückten Bananen. (Wiener Schnitzel konnte er zwar bestellen, verwechselte es aber manchmal mit der anderen deutschen Vokabel, die er beherrschte: „Auf Wiedersehen", was bisweilen für Verwirrung sorgte.)

Und trotzdem war etwas anders. Die Herzlichkeit, die ihm hier in Hessen entgegenschlug, war ungewohnt streng und barsch, so dass man sie fast für Grobheit, Neugier, Rücksichtslosigkeit oder gar Unverschämtheit hätte halten können. Als er, der King of Rock'n'Roll, in der Poststelle der Kaserne ein privates Telefongespräch führen wollte, gesellte sich nicht nur mit der größten Selbstverständlichkeit eine immense Anzahl Einheimischer dazu, die gewillt schienen, sich kein Wort entgehen zu lassen, nein, der hessische Postbeamte, der das Gespräch vermittelt hatte, bestand auch energisch darauf, dass die Gebühr von 12 Dollar ordnungsgemäß beglichen wurde. Wo käme man denn sonst hin? Auch die Nachbarin, durch deren Garten sich Elvis schleichen wollte, um der vor seinem Haus wartenden Menge zu entgehen, ließ sich von Namen und Ruhm des Eindringlings nicht beeindrucken und verwies ihn mit den Worten, ihr sei wurscht, wer er sei, er habe hier jedenfalls nichts verloren, von ihrem Grundstück.

Seine Unterkunft hatte Elvis zu diesem Zeitpunkt schon zweimal wechseln müssen: Im Bad Nauheimer Parkhotel hatte man ihm schon nach wenigen Tagen den Auszug nahegelegt und auch im Hotel Grunewald erwies sich die Geduld des Besitzers mit den Gepflogenheiten des Presley-Clans als sehr begrenzt.

An herzlichen Zurechtweisungen für Elvis mangelte es jedenfalls nicht – von der harschen Reaktion der entsetzten Wirtin, die nach einer Autogrammstunde in ihrer Wirtschaft hundert Unterschriften des Kings auf ihrer besten Tischdecke vorfand bis zu dem Handwerker, der – just als er mit der Reparatur der Heizung im Presleyschen

Hause beginnen sollte – einen Korb mit Fanpost entdeckte, den er sich in aller Selbstverständlichkeit zu Gemüte führte, und entsprechend unwillig reagierte, als man dies unterbinden und ihn zur Arbeit anhalten wollte.[2] Und was meinten die Hessen, wenn sie sagten „Ach geh doch fodd", als er ein Wiener Schnitzel bestellen wollte? Hatte er wieder „Auf Wiedersehen" gesagt?

Irritierend muss auch die Art gewesen sein, wie die Einheimischen miteinander umgingen: Wenn beispielsweise einer mit dem Rad dort fuhr, wo er nicht durfte (zum Beispiel in der Mitte der Straße), und ein Auto stand ihm dort im Weg, dann wurde selbstverständlich der Autofahrer als „Aldä Simbl", „Blöd Dreggsau" und Ähnliches beschimpft, was dieser natürlich entsprechend herzlich erwiderte. Nach Austausch solcher Niedlichkeiten fuhren dann beide seelenfroh ihrer Wege, mit einem Ausdruck im Gesicht, als hätten sie gerade ein zufriedenstellendes Tagwerk erledigt. Und wenn einer zum Beispiel aus Friedberg kam (dem Standort von Elvis' Kaserne) und der andere aus Bad Nauheim (wo Elvis wohnte), dann bedurfte es noch nicht einmal eines solchen Anlasses für gegenseitiges Misstrauen und herzliche Beschimpfungen.

Wir wissen nicht, was Elvis tatsächlich von den Hessen, ihren Umgangsformen und Mahlzeiten hielt, aber als er nach 17 Monaten in die USA zurückkehrte, war er ein anderer: nicht mehr der Lederjacken-Halbstarke mit Gangster-Image, sondern der All-American Boy, der zukünftige Hollywoodstar, der nun seinerseits die Beatles für den grassierenden „moralischen Verfall" verantwortlich machte. In Elvis-Fan-Kreisen streitet man darüber, ob dieser Imagewechsel bei der U.S. Army von seinem Manager, dem angeblichen Colonel Tom Parker[3], geplant war. Wenn ja, dann hat es funktioniert.

Der King ist nun lange weg, aber in Hessen streitet man immer noch darüber, ob er nun lieber in Friedberg oder in Bad Nauheim war. Ein Elvis-Presley-Denkmal gibt es jedenfalls in beiden Orten.

---

[1] Wetterauer Zeitung vom 2. Oktober 1958.

[2] Alle Erlebnisse aus: Heinrich Burk, Elvis in der Wetterau: Der „King" in Deutschland 1958 bis 1960, Frankfurt am Main 1995.

[3] „Colonel" Tom Parker hieß eigentlich Andreas Cornelius van Kuijk und hatte sein Geld unter anderem als Veranstalter von Shows mit tanzenden Hühnern verdient, bevor er Elvis unter Vertrag nahm. Wenn man jemanden für Elvis' Auftritte in drittklassigen Filmchen wie *Blue Hawaii* oder *Fun in Acapulco* verantwortlich machen kann, dann ihn.

Wer hätte ferner, ganz abgesehen von der
Gefährlichkeit eines unwirtlichen und unbekannten
Meeres, Asien, Afrika oder Italien verlassen sollen –
um nach Germanien zu ziehen, in das wüste Land mit
rauem Himmel, abschreckend für den Anbau und den
Anblick, – außer wenn man es zum Vaterland hat?
Tacitus, Germania

Der Hesse und die Völkerwanderung

Gibt es den Hessen überhaupt? Oder hat beispielsweise der Nordhesse mit dem Odenwälder so
wenig zu tun wie der Bayer mit dem Friesen?
Oder der Sachse mit dem Schwaben? Der Frankfurter mit
dem Offenbacher?

Der Verdacht liegt nahe, zumal die Hessen allem Anschein
nach über Jahrhunderte hinweg außerstande waren, in
einem Staatsgebilde zusammenzuleben. Selbst ihr Bundesland ist eine Gründung der amerikanischen Besatzer nach
dem Zweiten Weltkrieg, und seine Bewohner mussten erst
durch vertrauensbildende und identitätsstiftende Maßnahmen („Der blaue Bock", „Familie Hesselbach", „Hes-
senschau") dazu gebracht werden, sich als Hessen zu füh-
len, statt als Darmstädter, Frankfurter, Waldecker oder
Homburger – um nur ein paar Beispiele zu nennen. Doch
die lange Zeit der Trennung wirkt noch immer nach, voller
Misstrauen und Unverständnis schaut der zwangsverei-
nigte Hesse in die jeweils anderen Landesteile, als würde

13

man dort in dicken Brocken Salz auf den Streuselkuchen geben oder gar Limonade in den Apfelwein kippen.

Dabei darf das gegenseitige Misstrauen nicht darüber hinwegtäuschen, dass Nord-, Süd-, Ost- und Mittelhessen sich ähnlicher sind als man glaubt und als sie selbst jemals zugeben würden. Das beginnt bereits beim gegenseitigen Misstrauen, das nicht etwa auf die Bewohner anderer Landesteile beschränkt ist, sondern bereits im nächsten Dorf anfangen kann, oder beim Nachbarn. Letztendlich ist es allein er selbst, dem der Hesse voll vertraut, und auch da ist er sich nicht ganz sicher. Gerade das scheinbar Trennende ist also faktisch die Gemeinsamkeit, auch wenn der Hesse das nie zugeben würde.

Tatsächlich war auch die Teilung Hessens in Hessen-Kassel, Hessen-Darmstadt, Hessen-Nassau und eine Reihe weiterer Staatsgebilde nur eine Sache weniger Jahrhunderte. Gemessen an der Hartnäckigkeit, die ebenfalls allen Hessen zueigen ist, kann diese also vernachlässigt werden, wie ein Blick in die Geschichte der Hessen zeigt.

Denn da, wo der Hesse heute lebt, da war er schon immer zu Hause. Schon seit dem Jahr 15 n. Chr. siedelte in den Tälern von Eder, Lahn und Fulda der germanische Volksstamm der Chatten, die allgemein als die Vorfahren der Hessen bezeichnet werden. Auch der Name *Hessen* leitet sich von den Chatten ab: Aus *Chatti* wurde *Hatti* und *Hazzi*, bereits im 8. Jahrhundert sprach man von den *Hassi*, wenig später schon von den *Hessi*. Am Siedlungsgebiet der Chatten bzw. Hessen hat sich in den letzten zweitausend Jahren also nicht viel geändert: Nach dem Abzug der Römer drangen sie auch ins heutige Südhessen vor: in die Täler von Rhein, Main und Kinzig. Aber während andere Volksstämme wie beispielsweise die Franken oder Sachsen durch halb Europa zogen und allenthalben ihre Spuren hinterließen, blieb der Chatte allen Widrigkeiten zum Trotz zwischen seinen Mittelgebirgen hocken. Selbst der Einbruch der Hunnen in Mitteleuropa, der die meisten germanischen Stämme veranlasste, alles stehen und liegen zu lassen und nach Westen in eine ungewisse Zukunft zu flüchten, brachte die Chatten nicht aus der Ruhe – und schon gar nicht dazu, ihre feuchten, aber allem Anschein nach geliebten Flusstäler zu verlassen.

Etwas verwirrend ist jedoch die Beschreibung, die Tacitus von den Chatten gibt: Von „festen Körpern", „sehnigen Gliedern" und einem „regsamen Geist" ist da die Rede, außerdem davon, dass sie – und wir reden hier von den angeblichen Vorfahren der Hessen – eine „feste Schlachtordnung" einhielten und den „Befehlen ihrer Vorgesetzten unbedingt" gehorchten. Das ist kaum der Hesse, wie wir ihn heute kennen und dessen Erscheinungsbild eher von einer sitzenden, man könnte auch sagen: kontemplativen Lebensweise geprägt ist. Hat sich also der forsche und reckenhafte Chatte, den Tacitus beschrieben, im Lauf der Jahrhunderte zum heutigen Hessen gewandelt, der eher durch hartnäckiges Beharren als durch forsche Reckenhaftigkeit auffällt? Das erscheint recht unwahrscheinlich, da sich, wie weitere Betrachtungen zeigen werden, die Neigung zum hessischen hartnäckigen Beharren durch die Jahrhunderte unvermindert nachweisen lässt. Es wird wohl eher so gewesen sein, dass die Chatten, als sie zu Beginn des ersten Jahrhunderts die ober- und mittelhessischen Flusstäler besiedelten, keineswegs in ein Vakuum vorstießen, wie die Historiker gerne behaupten. Wenn man es unvoreingenommen betrachtet, müssen die eigentlichen Hessen schon vor dem Zuzug der Chatten hier gelebt haben, man könnte auch sagen: schon immer. Oder jedenfalls seit Ende der letzten Eiszeit. Die zugezogenen Chatten konnten vielleicht kurz die Herrschaft über die Ureinwohner erringen, aber deren fettige Speisen, ihre alkoholhaltigen Getränke und die kontemplative Lebensweise – wir werden auf diese Punkte noch häufiger zurückkommen – sorgten dafür, dass die Dominanz wohl nicht lange dauerte.

Man muss es sich vermutlich so vorstellen: Eine Schar Ur-Hessen saß in der Abendsonne bei einer Runde vergorenen Mosts und pflegte eine Unterhaltung, bei der die fragwürdigen Sitten einer erst seit sieben Generationen im Tal ansässigen Familie diskutiert wurden, als plötzlich eine Horde bis an die Zähne bewaffneter Reiter mit dampfenden und schnaubenden Rossen, Federn am Helm und ähnlichen Demonstrationen kriegerischen Draufgängertums am Gartenzaun stand. Ihr Anführer setzte zu einer Rede an, in der heldenhafter Kampf und glanzvolle Siege beschworen wurden, hielt aber bald verwirrt inne, da die Einheimischen weder in wilder Flucht davonrannten noch irgendwelche Anzeichen eines bevorstehenden Kampfes erkennen ließen. Einer fragte nach einem kurzen Blick auf den Anführer der Ankömmlinge, was das denn für ein Simpel sei, mit all den Federn an der Mütze, ein anderer bemerkte, dass so ein Pferd bei der Feldarbeit eine große Hilfe darstellen könne und ein Dritter bot den Besuchern vergorenen Most und Gesottenes vom Schwein an. Später am Abend traf man dann eine Übereinkunft, derzufolge die chattischen Krieger offiziell die Herrschaft über das Tal übernehmen konnten, solange sie nur die Einheimischen in Frieden ließen.

So lief das in allen Tälern und nach kurzer Zeit hatte sich überall die ur-hessische Lebensart durchgesetzt und von den Chatten blieb nur noch der Name übrig – sowie der sogenannte „hessische Furor", ein Gemütszustand, der mit „gewaltigem Adrenalinausstoß" nur unzureichend beschrieben ist. Ab und an, besonders, wenn er sich ungerecht behandelt fühlt (oft reicht aber auch schon eine verlegte Socke oder ein verregneter Vormittag), wird der Hesse von einem mächtigen Zorn gepackt, dann sieht er rote Blitze auf der Netzhaut, hört lautes Pferdegetrappel und hat den Geruch von Blut in der Nase. Für einen Augenblick gleicht er wieder dem kriegerischen Chatten mit den sehnigen Gliedern und dem festen Körper, der reckenhaft in die Schlacht zieht. Aber so schnell wie er gekommen ist, ist der Anfall auch wieder vorbei und das hessische Phlegma gewinnt erneut die Oberhand. In solchen Augenblicken fasst der Hesse seine Gemütsverfassung dann sehr zutreffend mit folgenden Worten zusammen: „Isch ärscher misch ned und wenn isch verregg vor Zorn."

An dieser Stelle lässt sich also zusammenfassen, dass der Hesse geografisch hervorragend und mit außerordentlicher Kontinuität zu lokalisieren ist, denn seit Jahrhunderten bewohnt er sein angestammtes Siedlungsgebiet zwischen Reinhardts- und Odenwald, zwischen Rheingau und Rhön, und damit ist auch über seinen Charakter bereits einiges gesagt.

Nach den Chatten kamen andere Völker, mal stoßweise und kriegerisch wie die Hunnen und die Römer, aber meistens kontinuierlich und friedlich auf den Fernhandelsstraßen, die Hessen in alle Richtungen durchziehen. Das festigte die Überzeugung der Hessen, dass es in der Regel nicht notwendig ist, sich selbst zu bewegen, da andere Menschen, Handelsgüter, Nachrichten und Wetter, kurz gesagt, das ganze pralle Leben, von alleine vorbeikommen, und es vollkommen ausreicht, wenn man es, mit einer Thermoskanne Kaffee und einem Kissen unter den Ellenbogen im Fenster lehnend, an sich vorüberziehen lässt.

Der Hesse hat nicht nur wenig Vertrauen in jede Art von Regierung, er strebt auch nicht danach, selbst Krone und Zepter zu ergreifen und sich wacker an die Spitze des Staates zu stellen. Nichts, das weiß der Hesse, nichts ist mehr geeignet die Beschaulichkeit seiner Existenz zu beeinträchtigen, wie das Streben nach Macht. Das überließ er immer anderen. Mochten die sich doch mit dem ganzen Zinnober herumschlagen.

Es dauerte daher bis ins 13. Jahrhundert, bis sich ein eigenes hessisches Herrscherhaus bildete. Nachdem jahrhundertelang die fränkischen Konradiner über Hessen geherrscht hatten, gewannen die thüringischen Ludowinger im 12. und 13. Jahrhundert immer mehr Einfluss in Hessen, da ihnen durch Erbe und Heirat eine Reihe von Grafschaften zufiel. Die Besitz- und Herrschaftsverhältnisse waren jedenfalls ausgesprochen verwickelt, und es wurde nicht besser, als zur Mitte des 13. Jahrhunderts auch die Ludowinger ihrem Aussterben entgegensahen: 1247 starb der kinderlose thüringische Landgraf Heinrich Raspe, und es begann der 17 Jahre währende hessisch-thüringische Erbfolgekrieg, in dem Sophie von Brabant, die Tochter der Heiligen Elisabeth und eine Nichte des letzten Landgrafen, eine entscheidende Rolle spielte. Am Ende bekam sie das beste Stück vom Kuchen: Ihr Sohn Heinrich wurde Landgraf von Hessen, den thüringischen Rest bekamen die sächsischen Wettiner. Rückblickend betrachtet war das ein Glück, denn sonst würde Hessen heute eventuell zu Sachsen gehören.

Allerdings gehörte zur neuen Landgrafschaft Hessen nur ein Teil des heutigen Bundeslandes. Zwar erstreckte sich Heinrichs neuer Herrschaftsbereich von Kassel im Norden bis Darmstadt im Süden, jedoch lagen dazwischen verstreut Gebiete des Fürsten zu Solms, der Grafen von Hanau, Isenburg, Nassau, Waldeck und Ziegenhain (um nur einige zu nennen) sowie des Bischofs von Mainz und der Klöster Fulda und Bad Hersfeld. Dazu kamen verschiedene reichsunmittelbare Städte und Dörfer, der Rheingau, den der Kaiser verständlicherweise ebenfalls für seine unmittelbaren Zwecke und Freuden direkt beanspruchte, sowie eine unüberschaubare Anzahl von mehr oder weniger adeligen Herren, die alle Anspruch auf ihr kleines Fleckchen Hessen erhoben. Der Grenzverlauf zwischen den einzelnen Territorien und Exklaven erinnerte in seiner Willkürlichkeit an Mottenfraß, wobei sich die Grenzen durch Heirat, Kauf, Schenkung, Erbschaft und – in Hessen nicht zu vernachlässigen – langwierige gerichtliche Auseinandersetzungen permanent in alle Richtungen verschoben. Es konnte passieren, dass man als Untertan des einen Herren einschlief und als der eines anderen wieder aufwachte. Selbst Frankfurt, dessen Einwohner seit Jahrhunderten wie verrückt stolz waren auf den Status als Freie Reichsstadt, war zwischen 1810 und 1813 für irritierende drei Jahre Teil eines von Napoleon geschaffenen Großherzogtums, zu dem außerdem so inkompatible Städte wie Fulda, Aschaffenburg, Wetzlar und Hanau gehörten. Zudem war die hessische Staatenlandschaft auch ausgesprochen kleinteilig: Wenn man einen ausgedehnten Spaziergang unternahm, hatte man vor dem Kaffeetrinken vielleicht schon, ohne es zu bemerken, zwei bis drei Landesgrenzen überschritten und konnte verhaftet werden, etwa weil man versäumt hatte, den Zoll für die mitgeführte Wurststulle zu entrichten. Ein wütender Reisender drückte es noch 1846 so aus:

Von Frankfurt bis Homburg sechs- bis siebenmal Chausseegeld, eine wahre Schande für die Fürsten, deren Gebiete sich in schmalen Streifen über diesen Raum von zwei Stunden hinziehen und die wie rechte Wegelagerer die Reisenden brandschatzen und aufhalten.[4]

Auch die Landgrafen von Hessen trugen in den folgenden Jahrhunderten das ihre zur hessischen Kleinteiligkeit bei (so wie übrigens auch die anderen Adelsgeschlechter): Sie folgten dem alten fränkischen Recht, demzufolge das Erbe unter allen Söhnen aufzuteilen ist. Insbesondere Landgraf Philipp I. (von dem später noch ausführlicher die Rede sein wird) setzte hier Maßstäbe und zeugte (neben etlichen neben- und außerehelichen) vier erbberechtigte Söhne, unter denen er seinen Besitz aufteilte. Die Folge war die Teilung des Landes in die Linien Hessen-Kassel und Hessen-Darmstadt. Die beiden anderen Linien, Hessen-Marburg und Hessen-Rheinfels starben glücklicherweise schon nach einer Generation aus, sonst wäre alles noch unüberschaubarer geworden. Denn von den beiden Hauptlinien spalteten sich zu allem Überfluss immer wieder Nebenlinien ab, so dass ein Geflecht höchst verwirrender Verwandtschaftsbeziehungen entstand. Die einzigen, die dies erfreut haben dürfte, sind Generationen von Berufs- und Hobbyhistorikern, denen die Aufarbeitung der genealogischen Verwirrungen Auskommen und Beschäftigung versprach. Und in Frankfurt, der Freien Reichsstadt, achtete man penibel darauf, dass kein Adeliger in der Stadt jemals etwas zu sagen hatte – abgesehen von den städtischen Patrizierfamilien selbstverständlich.

Den ersten Schritt zu einem wiedervereinten Hessen machten ausgerechnet die Preußen, die 1866 die souveränen Staaten Hessen-Homburg, Kurhessen, d. h. die zum Kurfürstentum aufgestiegene Landgrafschaft Hessen-Kassel, das Fürstentum Nassau und die Freie Stadt Frankfurt besetzten, annektierten und zur Provinz Hessen-Nassau degradierten. Die geradezu bestürzende Unrechtmäßigkeit dieser Maßnahme sollte jedoch nicht darüber hinwegtäuschen, dass damit die Wiedervereinigung Hessens eingeleitet wurde. Der Preis dafür war zwar der Verlust der Selbstständigkeit. Da der Hesse aber sowieso für staatliche Autoritäten wenig übrig hat, ging man nach zunächst großer Aufregung wenig später wieder zur Tagesordnung über. Und als 1945 Dwight D. Eisenhower mit der Proklamation No. 2 das Land Groß-Hessen gründete und darin großzügig alle hessischen Gebiete vereinte, hatten die meisten sowieso ganz andere Sorgen. Den größten Unmut erregte noch die Abtrennung von Rheinhessen und einem Großteil des Westerwaldes[5], aber auch das sorgt nur noch dann für Aufregung, wenn dem Hessen sonst nichts mehr einfällt, worüber er sich echauffieren könnte.

---

[4] Karl August Varnhagen von Ense, zitiert nach: Hans Sarkowicz, So sahen sie Hessen. Eine kulturgeschichtliche Reise in historischen Berichten, Stuttgart 1988, S. 15.

[5] Neben Rheinhessen und der Gegend um Montabaur ging Hessen auch noch die Exklave Bad Wimpfen verloren, die allerdings nach Auffassung der hessischen Landesregierung staatsrechtlich nach wie vor zum Bundesland Hessen gehört, auch wenn man sich mit der Tatsache arrangiert hat, dass die Verwaltung durch das Land Baden-Württemberg ausgeübt wird.

Hessisches Kulturgut (1):
Hessen am Meer

D ieser kleine Ammonit lebte in Hessen bis zum Oligo-
zän, also bis vor rund 25 Millionen Jahren. Die
Nordsee reichte zu dieser Zeit bis nach Kassel. Von
dort erstreckte sich eine breite Meeresstraße über die Wetterau
und den Rheingraben bis zu den Resten des Tethysmeeres, an
dessen Stelle sich heute die Alpen erheben. Afrika schickte sich
jedoch bereits an, mit Europa zu kollidieren und so jenen
alpinen Gebirgszug zu formen, der seither dem Hessen den
freien Blick aufs Mittelmeer versperrt und Reisen in sonnigere
Gefilde so beschwerlich macht. Hessen selbst hat sich übrigens
nie mit großer Begeisterung an Kontinentalverschiebungen
beteiligt und bewegte sich in mehreren Hundert Millionen
Jahren allenfalls ein wenig vom Äquator weg, was wegen der
erträglicheren Temperaturen nur zu begrüßen ist.

Die Erkenntnis, dass es so etwas wie Plattentektonik und
Kontinentaldrift überhaupt gibt, haben wir übrigens dem
Geowissenschaftler Alfred Wegener zu verdanken, der diese
Theorie 1912 in Marburg erstmals präsentierte.

Wo wollen Sie denn hin?
Ach gehen Sie fort, bleiben Sie da!
Wolf Schmidt, Familie Hesselbach

Der Hesse und Amerika

Nein, die offizielle Hymne des Bundeslandes Hessen stammt nicht von den Rodgau Monotones, es handelt sich dabei auch nicht um die Titelmelodie der *Hesselbachs*, zu der man „dida-dei, dida-dei, dida-dei-di" singt. Das *Hessenlied* wurde vielmehr bereits gegen Ende des 19. Jahrhunderts von den Herren Albrecht Brede, einem Kasseler Musiklehrer, und Carl Preser, einem ebenfalls aus Kassel stammenden Lyriker, komponiert beziehungsweise gedichtet. Es überrascht nicht, dass es keine einheitliche Textfassung gibt, da man in den verschiedenen Landesteilen selbstverständlich meinte, auf regionale oder gar lokale Gegebenheiten Bezug nehmen und den Text entsprechend anpassen zu müssen. Georg August Zinn, der erste gewählte Ministerpräsident Hessens, erhob das *Hessenlied* in einer bereinigten Fassung zur offiziellen Hymne des neuen Bundeslandes – eine seiner vielen Maßnahmen zur Schaffung einer gesamthessischen Identität. Allerdings geriet das Stück anschließend sofort in völlige Vergessenheit und wird heute nur ab und an bei Konzerten dörflicher Gesangsvereine zum Vortrag gebracht.

Das *Hessenlied* gilt als offizielles Staatssymbol und ist daher gesetzlich geschützt, weshalb es bei Androhung von Freiheits- oder Geldstrafe unter anderem verboten ist, „beschimpfenden Unfug" daran zu verüben, wie es in

§ 90a StGB heißt. Daher nur so viel: Es ist viel von Feldern und Wäldern, Burgen und Flüssen, Blüten und Blumen die Rede, die der Hesse angeblich von Kindheit an kennt, schätzt und „im Morgenrotstrahle" gerne grüßt (als ob er da schon wach sei). Nebenbei wird allen, die sich erdreisten sollten, dieses grünende und blühende Idyll zu stören, eine Tracht Prügel angedroht. Vor allem aber wird eines deutlich: Der Hesse denkt überhaupt nicht daran, sein kleines mittelgebirgiges Auenland zu verlassen.

Nie und nimmer. Es gibt allerdings eine Ausnahme, und die heißt Amerika.

Zu Amerika hat der Hesse seit dem 18. Jahrhundert eine besondere Beziehung, die allerdings nicht auf freiwilliger Basis zustande kam.

Schon Landgraf Karl von Hessen-Kassel hatte im 17. Jahrhundert seine Staatsfinanzen mit der Vermietung von Soldaten saniert. Als sein Enkel Friedrich ebenfalls vor finanziellen Problemen stand – unter anderem brauchte er Geld, um das Fridericianum zu bauen, in dem heute die Documenta stattfindet –, besann er sich auf die Idee seines Großvaters. 1773 hatte der Amerikanische Unabhängigkeitskrieg begonnen, und Großbritannien als Kolonialmacht war wenig geneigt, die eigenen Bürger zum Kämpfen in die abtrünnige Kolonie zu schicken. Landgraf Friedrich war gerne bereit, seine Untertanen gegen angemessene Bezahlung als Soldaten zur Verfügung zu stellen. Wobei die „angemessene Bezahlung" selbstverständlich nur für den Landgrafen galt. Seine vermieteten Untertanen mussten sich mit einem schmalen Sold begnügen und sich obendrein neben den obligaten Kampfhandlungen auch mit unbekannten Krankheiten, unzureichenden Uniformen und ungenügender Verpflegung herumschlagen. Desertieren war fast unmöglich, da in diesem Fall automatisch andere Familienmitglieder eingezogen worden wären. Die versprochene Hinterbliebenen- und Invalidenversorgung war da nur ein schwacher Trost, zumal man ahnte, wie diese gehandhabt werden würde. Hinzu kam, dass die amerikanischen Rebellen keineswegs so unorganisierte und schwache Gegner waren, wie man erwartet hatte, und die britischen Kolonialherren samt ihren hessischen Truppen immer mehr in die Defensive gerieten.

Die unvermeidliche Folge war miese Laune – selten erlebt man einen Hessen in heiterer Gelassenheit, aber unter diesen Bedingungen kann er nur ausgesprochen schlecht gelaunt gewesen sein. Das bekamen auch die Amerikaner zu spüren, die voller Respekt von den *Hessians* und ihrer wilden Kampfbereitschaft sprachen. Einem größeren Publikum wurde die hessische Hartnäckigkeit bekannt durch Washington Irvings Kurzgeschichte *Die Legende von Sleepy Hollow*, in der ein hessischer Soldat, dem von einer Kanonenkugel der Kopf abgeschossen wurde, aus dem Grab aufersteht und als *Hessischer Reiter* so lange Bewohner des nahegelegenen Ortes umbringt, bis man ihm endlich sein fehlendes Körperteil wieder zurückgibt.

Nicht nur bei den Hessen, in ganz Europa war die Empörung groß über den Soldatenhandel, an dem nicht nur Hessen-Kassel, sondern auch Hessen-Hanau, Waldeck und andere hessische Länder beteiligt waren. Hessen-Darmstadt verkaufte seine Soldaten dagegen aus alter Verbundenheit lieber an Frankreich. Insgesamt wurden alleine aus Hessen-Kassel ungefähr 19.000 Soldaten nach Amerika geschickt – bei einer Gesamtbevölkerung von ca. 300.000 Einwohnern. Einige Tausend Hessen starben während des Unabhängigkeitskriegs in Amerika, die meisten an Krankheiten. Kaum einer desertierte, aber nach Ende des Krieges entschieden sich wiederum mehrere Tausend Hessen in Amerika zu bleiben, meist im Mittleren Westen, wo sich seit dem 17. Jahrhundert bereits viele Deutsche angesiedelt hatten.

In Briefen nach Hause schilderten sie ihre neue Heimat als das Gelobte Land: Nicht zu bergig, nicht zu heiß, nicht zu kalt, fruchtbare Böden, friedliches Vieh – aber vor allem sei man frei und könne nach Belieben den ganzen Tag am Gartenzaun stehen und mit dem Nachbarn schwätzen. Oder sich mit ihm streiten, ganz wie man wolle, und ohne dass irgendeine Obrigkeit sich einmische. Zudem gäbe es genügend deutsche Brauer, Bäcker und Metzger, so dass die tägliche Versorgung mit Worscht, Weck und Bier gewährleistet sei. Auch die Heimkehrer erzählten Ähnliches, zudem angereichert durch tatsächliche und erfundene Abenteuer. Kurz, Amerika wurde allgemein als das andere, das bessere Hessen dargestellt.

Die Schilderungen des Lebens in Amerika sorgten für eine regelrechte Euphorie unter den Hessen: Mittelgebirge, Blutwurst und Apfelwein ohne landgräfliche oder großherzogliche Knute, das wollte sich keiner entgehen lassen. Ganze Dörfer, deren Bewohner seit der Jungsteinzeit über Generationen hinweg am gleichen Ort gesiedelt hatten, rüsteten zum Aufbruch. Menschen, die ihr Leben lang alles, was von jenseits des nächsten Hügels kam, mit Arg-

Die Hessen und der Yankee-Doodle: Im Jahr 1905 behauptete ein gewisser Herr Lewalter in der Zeitschrift Hessenland, dass der Yankee-Doodle, die inoffizielle Hymne der USA, auf einer Schwälmer Tanzweise beruhe, die er selbst kurz zuvor bei einer Kirmes in Wasenberg gehört habe. Die Theorie sorgte sofort für erhebliches Aufsehen in den USA und wurde noch Jahre später in allen Zeitungen diskutiert.

wohn und Ablehnung betrachtet hatten, zogen allen Ernstes eine Auswanderung in Betracht. Einen weiteren Schub erfuhr die Auswanderungsbewegung nach den gescheiterten Aufständen im Jahr 1830 und der Revolution von 1848: Viele junge Männer sahen sich plötzlich strafrechtlicher Verfolgung ausgesetzt und hielten es für geraten, anderswo glücklich zu werden.

In ganz Hessen wurden Auswanderungsgesellschaften gegründet, die über Bedingungen der Überfahrt und der Existenzgründung informierten, oft allerdings ohne selbst irgendeine Ahnung zu haben, die über die Lektüre propagandistischer Artikel hinausging. Die hessischen Landesherren mussten dagegen eilends neue Verordnungen erlassen, um den Abzug ihrer Untertanen wenn möglich zu unterbinden, auf jeden Fall aber in geordnete Bahnen zu lenken. Gehen durfte beispielsweise nur, wer alle seine Schulden bezahlt hatte, was in etlichen Fällen die Abreise deutlich verzögerte. Auch überwogen oft nach der anfänglichen Euphorie bei vielen bald wieder Zweifel und Misstrauen. Warum sollte man sich auf eine lange, gefährliche und teure Reise begeben, wenn dort doch alles genauso war wie zu Hause? Gab es dort wirklich Handkäs? Die Berichte darüber waren widersprüchlich und vage. Und wer konnte schon sagen, ob das Bier dort genauso schmeckte wie hier?

Es war allerdings nicht nur die zunehmend verarmende hessische Landbevölkerung, die die Auswanderung nach Amerika als Chance sah. Auch der Hochadel konnte sich nach anfänglicher Skepsis dafür begeistern – was allerdings nicht bedeutete, dass die adeligen Herren selbst auswandern wollten, was ja wiederum die Auswanderung vieler Hessen überflüssig gemacht hätte.

Bei einer Versammlung des *Rates deutscher Fürsten und adeliger Herren* 1842 auf Schloss Biebrich bei Wiesbaden hatte man eine kühne Idee, die man sofort in die Tat umsetzen wollte: Texas hatte im Jahr zuvor seine Unabhängigkeit von Mexiko erkämpft und war nun ein souveräner Staat. Die adeligen Herren sahen eine reelle Chance, die Auswanderung aus Deutschland dorthin so umfassend zu fördern, dass Texas schließlich eine deutsche Kolonie werden würde: Neu-Deutschland, zu dem dann gewiss auch Neu-Hessen gehört hätte. Und wenn man es geschickt anstellte, würde man sich so auch des unzufriedeneren und unbequemeren Teils der eigenen Bevölkerung entledigen können. Mal ganz abgesehen davon, dass man sich einen neuen Absatzmarkt für die heimische Wirtschaft erhoffte.

21 Adelige, darunter der Großherzog von Nassau und etliche Angehörige des hessischen Hochadels, gründeten daraufhin den *Verein zum Schutz deutscher Einwanderer in Texas* und versprachen jeder Auswandererfamilie 130 Hektar Land, dazu Lebensmittel bis zur ersten Ernte sowie den Bau von Schulen und Kirchen. Allerdings stellte man schnell fest, dass man weder Land in Texas besaß, das verteilt werden konnte, noch genug Geld hatte, um all die Versprechungen zu erfüllen. Die willigen Auswanderer, die sich schnell fanden, mussten daher 300 Gulden pro Einzelperson oder 600 Gulden pro Familie selbst bezahlen. Erste Erkundungsreisen von Mitgliedern des Vereins nach Texas endeten ernüchternd: Man erkannte, dass die Lage in Texas viel schwieriger war, als es von Biebrich aus schien. Viel Geld wurde ausgegeben, ohne irgendetwas zu erreichen, aber man ließ sich von widrigen Umständen, realistischen Einschätzungen und guten Ratschlägen nicht beirren.

1844 segelte Carl Prinz zu Solms-Braunfels als Generalkommissar des mittlerweile zu einer Aktiengesellschaft umgewandelten Vereins nach Texas, gefolgt von den ersten drei Auswandererschiffen. Dem Prinzen gelang es tatsächlich – allerdings erst nach einem halben Jahr – am Guadeloupe River ein Stück Land zu kaufen, wo er die Stadt New Braunfels gründete. Der Ort war allerdings in den ersten Jahren wenig mehr als eine erbärmliche Ansammlung schäbiger Hütten, deren Bewohner an Hunger, Krankheiten und Indianerüberfällen litten. Von Blutwurst, Handkäs und Apfelwein träumten nur noch die Kühnsten, alle waren froh, wenn es wenigstens einen Bissen Brot gab. Zudem gab der Prinz binnen kürzester Zeit das gesamte

Geld des Texas-Vereins aus, machte Schulden und brachte das ganze Unternehmen an den Rand des finanziellen Zusammenbruchs. Die Ursache der Probleme könnte unter anderem darin gelegen haben, dass der adelige Anführer es für unnötig erachtete, seine Ausgaben irgendwie zu dokumentieren oder gar eine Buchhaltung zu führen. Außerdem hatte er Kontakte zwischen den deutschen Einwanderern und Amerikanern strikt untersagt, was die ausgewanderten Hessen an den Rand des Hungertods brachte.

Der Verein beorderte ihn daher nach Hause und schickte im Frühjahr 1845 Otfried Hans Freiherr von Meusebach als neuen Generalkommissar nach Texas. Der in Dillenburg geborene Freiherr konnte den Ruin des Texas-Vereins zwar nicht aufhalten, aber es gelang ihm immerhin, die Situation der Einwanderer zu stabilisieren: Meusebach war fast einen Meter neunzig groß, 32 Jahre alt und hatte langes, rotblondes Haar, was insbesondere die Indianer beeindruckte. Die Waco-Indianer nannten ihn Ma-be-quo-si-to-mu (Häuptling mit brennendem Haar auf dem Kopf), für die Comanchen war er *El Sol Colorado*, die rote Sonne. 1847 gelang es dem imposanten Mann, einen Friedensvertrag mit den Comanchen zu schließen, der den freien Zugang von Indianern und Weißen in die Gebiete der jeweils anderen festschrieb und Überfälle jeder Art unter Strafe stellte. Zu den Unterzeichnern gehörte neben den Comanchen-Häuptlingen *Santa Anna* und *Alte Eule* auch der gefürchtete Kriegshäuptling Po-cha-na-quar-hip, dessen Name eine sehr direkte Anspielung auf die mächtige sexuelle Potenz seines Trägers darstellte, weshalb er von den prüden Weißen lieber als *Buffalo Hump* angesprochen wurde. Der Vertrag sorgte jedenfalls für eine deutliche Verbesserung der Lage, denn die Siedler konnten nun Felle und Lebensmittel von den Indianern beziehen – auch wenn Wurst und Handkäs aller Wahrscheinlichkeit nach nicht zum indianischen Warenkorb gehörten. Zudem ging er als einer der wenigen Verträge zwischen Indianern und Weißen in die Geschichte ein, der nie gebrochen wurde.

Der eigentliche Traum des Texas-Vereins war zu diesem Zeitpunkt aber schon ausgeträumt. Texas hatte sich 1845 den Vereinigten Staaten von Amerika angeschlossen, und es war jedem klar, dass es hier weder ein Neu-Deutschland noch ein Neu-Hessen geben würde. Der Verein schickte trotzdem noch mehrere Tausend Siedler nach New Braunfels und in das von Meusebach gegründete Fredricksburg, was die Finanzen des Vereins endgültig ruinierte. 1848 war der Verein schließlich zahlungsunfähig und wurde aufgelöst.

Zu den letzten Auswanderern, die mit dem Texas-Verein nach Amerika kamen, gehörten die *Darmstadt Forty* – 40 revolutionäre Studenten und Intellektuelle aus Hessen-Darmstadt, die in Texas die früh-kommunistische Siedlung Bettina, benannt nach Bettina von Arnim, gründeten. Der Plan war, als freie Bürger in einem freien Land zu leben, nach der Maxime *Freundschaft, Freiheit, Gleichheit.* Man hatte vorausschauend sogar Landwirte und Mechaniker mitgebracht, die Häuser bauten und Felder bestellten – der größte Teil der Gruppe verbrachte die Zeit jedoch mit philosophischen Betrachtungen, revolutionären Diskussionen und fröhlichem Musizieren. Trotz aller Freiheit war bereits nach einigen Monaten die Ungleichheit so groß, dass auch die Freundschaft zerbrach und die Siedlung aufgelöst wurde. Die Bewohner zogen nach New Braunfels und Fredricksburg – oder kehrten nach Deutschland zurück. Heute ist Bettina als Geisterstadt eine gerne besuchte Touristenattraktion.

Letztlich erwies sich das Auswandern nach Amerika in Wirklichkeit als sehr viel anstrengender und unbefriedigender, als Auswanderungsbroschüren und Abenteuerromane dies versprachen. Das Ideal eines besseren und freieren Hessens in Amerika spukte aber weiter in den Köpfen, vor allem nach der gescheiterten Revolution von 1848 – man wollte ja gerne ein neues Hessen in Amerika gründen, scheute aber die Entbehrungen und Strapazen der Auswanderung. Eine originelle Lösung dieses Problems schlug Alexander Büchner, der jüngere Bruder von Georg Büchner, vor: Deutschland solle eine Republik werden und sich dann den Vereinigten Staaten von Amerika anschließen. Allen wäre geholfen gewesen – man hätte in den Vereinigten Staaten von Amerika leben können, ohne die Strapazen einer Auswanderung auf sich nehmen zu müssen. Der kühne Plan wurde jedoch verraten und geriet schnell in Vergessenheit. Schließlich setzte sich auch wieder die Überzeugung durch, dass es ein zweites Hessen einfach nicht geben kann. Auch nicht in Amerika.

Die Speisen sind einfach: wilde Baumfrüchte, frisches
Wildbret oder Käse aus Milch. Ohne besondere Zuberei-
tung, ohne Gaumenkitzel vertreiben sie ihren Hunger.
Tacitus, Germania

Der Hesse und der Toast Hawaii

Zoologisch gehört der Hesse zu den Allesfressern. Mit Schlachtabfällen gibt er sich nicht nur zufrieden, er erhebt sie auch in den Rang einer Delikatesse, zu deren Ehren lokale Feste gefeiert werden. Eines der appetitlicheren Beispiele hierfür ist die Blutwurst, die der Hesse erst dann für genießbar erachtet, wenn sie nach einigen Monaten der Lagerung so hart geworden ist, dass man damit das nächste Schwein erschlagen kann. Ein anderes, schon gewöhnungsbedürftigeres Beispiel ist gekochte und dann geschredderte Ochsenschnauze, die mit Zwiebeln in Essig und Öl eingelegt wird.

Fleisch muss der Hesse aufgrund seiner speziellen Physiologie täglich zu sich nehmen, ebenso Brot, Zwiebeln, Speck, Eier, Salz, Kartoffeln und fetten Sauerrahm. Aus diesen Grundzutaten setzt sich dann auch die hessische Küche zusammen. Unter anderem kann man daraus so unterschiedliche Gerichte wie Schlumpeweck, Schepperlinge, Salze- und Speckkuchen, Bloatz, Beulches sowie den unter Borkener Bergleuten beliebten Röhrenklump zubereiten. Wer über eine Quelle für frisches Schweineblut verfügt, dem steht außerdem der Weg offen für die ebenso gewöhnungsbedürftigen wie tiefschwarzen Spezialitäten Blutkuchen und Schweinepfeffer.

Frisches Gemüse wird dagegen allgemein verachtet. Sauerkraut und Grüne Soße, zwei Lieblingsgerichte der Hessen, bilden nur scheinbar Ausnahmen von dieser Regel, denn in dem einen Fall wird das Kraut durch monatelange Lagerung, Fermentierung und langes Kochen mit Speckbrocken in einen ausgesprochen gemüseunähnlichen Zustand versetzt. In dem anderen Fall wird frisches Blattgrün lange mit Messern zerhackt und dann großzügig mit Sauerrahm und hart gekochten Eiern vermengt, so dass ebenfalls nichts mehr an pflanzliche Nahrung erinnert.

Um frisches Gemüse möglichst schnell zu zerhacken und damit in einen dem Hessen zuträglichen Zustand zu verwandeln, hat die Firma Ritter in den 1950er Jahren mit dem *Schneidboy* ein Gerät auf den Markt gebracht, das sechs nebeneinander angebrachte radförmige Klingen mit einem stabilen Handgriff vereint und das noch heute in keinem hessischen Haushalt fehlen darf.

An der Verbreitung dieses Gerätes, nicht nur in hessischen Küchen, war ein Mann beteiligt, der – obgleich er Hesse war – die Kulinarik der bundesdeutschen Nachkriegshaushalte revolutioniert hat, auch wenn er vom Kochen keine Ahnung hatte. Oder vielleicht gerade deshalb.

1953 war Carl Clemens Hahn 47 Jahre alt und nichts in seinem bisherigen Leben hatte ihn darauf vorbereitet, Fernsehkoch zu werden. Er war in Oberzeuzheim im Westerwald geboren worden, hatte Klavierunterricht bekommen, die Schauspielschule in Düsseldorf besucht und sich anschließend weitgehend erfolglos als Schauspieler auf Provinzbühnen und in zweitklassigen Filmproduktionen versucht. Auch mit Nebenrollen in nicht eben gefeierten Filmen wie „Hochzeitsnacht im Paradies", „Wenn eine Frau liebt" und „Die Frauen des Herrn S." gelang es ihm nicht, sich in die Herzen der Zuschauer zu spielen.

Da der ersehnte Durchbruch sich weder im Film noch auf der Theaterbühne einstellen wollte, bewarb er sich 1953 beim NWDR, dem gemeinsamen Vorläufer des Nord- und des Westdeutschen Rundfunks. Während er mit seiner Frau Erika, einer Wiesbadener Metzgerstochter, die er drei Jahre zuvor geheiratet hatte, auf sein Bewerbungsgespräch wartete, lief auf einem Monitor eine naturwissenschaftliche Sendung. Man sah in Großaufnahme die Hände eines Berliner Giftforschers, der einer Schlange das Gift aus den Zähnen presste. Hahn war begeistert, ließ das Bewerbungsgespräch einstweilen sausen und zerrte seine Frau stattdessen in eine nahegelegene Kneipe.

„Stell dir vor", soll er ihr erregt ins Ohr geflüstert haben, „das sei keine Schlange, sondern ein Omelett."

Man wüsste gerne, was Erika darauf geantwortet hat. Ob sie tatsächlich das Potenzial von Clemens' Idee erkannte, ist nicht überliefert. Vielleicht tat sie auch nur, was man von einer sogenannten guten Ehefrau in den 50er Jahren erwartete, und folgte ihrem Mann, wohin der auch gehen mochte, selbst wenn der Gatte sich anschickt, unvermutet der erste deutsche Fernsehkoch zu werden. Zusammen entwarfen die beiden jedenfalls ein Konzept für eine Fernseh-Kochsendung, wobei Erika ihre praktischen Erfahrungen als Metzgerstochter ins Spiel brachte.

Der Intendant des NWDR war begeistert und räumte Hahn, der sich fortan Clemens Wilmenrod nannte, wöchentlich eine Viertelstunde zur besten Sendezeit am Freitagabend ein. Die Sendung hieß *Bitte, in zehn Minuten zu Tisch* und Wilmenrod begrüßte seine Zuschauer mit den Worten „Ihr lieben, goldigen Menschen". Vollkommen unerwartet wurde die Sendung in kürzester Zeit zum Straßenfeger.

Dass Wilmenrod nicht kochen konnte, interessierte niemanden, außer ein paar Profi-Köchen, die sich darüber mokierten, dass der Fernsehkoch nicht wusste, wie man ein Huhn richtig tranchiert und zur Zubereitung eines *Blitz-Gulaschs* der Einfachheit halber leicht angebratenes Fleisch in kochendes Wasser kippte. Aber die Hausfrauen, die keine seiner Sendungen verpassen wollten, konnten schließlich auch nicht besser kochen. Dafür waren sie begeistert von Wilmenrods Menjou-Bärtchen, seinen barocken Wortkaskaden und seinem Auftreten, das man damals wohl als „galant" und „weltgewandt" bezeichnete.

Heute würde man sagen, Wilmenrod war ein pomadiger Schnösel, der die Klappe nicht halten konnte, aber heute würde man als Fernsehkoch auch keinen Scheiblettenkäse

Clemens Wilmenrod bittet zu Tisch

verwenden oder zur Zubereitung eines Heringssalats Sahne mit Ketchup verrühren und einen Hering rein- schnippeln. Beziehungsweise reinschnippeln lassen, denn während die Kamera eine Dose Karotten oder den Koch in Großaufnahme zeigte, wurden die Töpfe auf dem Studio- Herd, in denen Wilmenrod rührte, gegen diejenigen aus- getauscht, in denen Frau Erika hinter den Kulissen etwas tatsächlich Essbares produziert hatte.

Aber knifflige Küchentricks und exotische Zutaten waren sowieso nicht Wilmenrods Ding. Er kochte mit dem, was auch der Nachkriegshausfrau in Wetzlar oder Waldeck zur Verfügung stand, und dazu gehörten eben auch Fertigso- ßen und Dosenobst. Was seinen Gerichten an Raffinesse fehlte, machte er durch fantasievolle Namen und Geschichten wieder wett: Sein *Arabisches Reiterfleisch*, bestehend aus Hackfleisch, das mit Zwiebeln, Eiern, Gewürzgurken und Schmand geschmort wird, hat bemer- kenswerte Ähnlichkeit mit oberhessischen Eintopfgerich- ten, welche im Wesentlichen der Resteverwertung dienen, wurde aber gewürzt mit einer schamlos erlogenen Geschichte, derzufolge er das Rezept in einem libanesi- schen Karawanenlager („an der Mündung des Hundeflus- ses"[6]) einem Beduinen entlockt habe.

Zu seinen berühmtesten Schöpfungen gehören das *Päpstli- che Huhn* – ein mit Speck, Leber und Pflaumen gestopftes Geflügel – und die legendäre *Gefüllte Erdbeere:* Die Füllung besteht aus einer schlichten Mandel, aber Wilmenrod ver- süßte sie mit einem Hölderlin-Zitat („O ein Gott ist der Mensch, wenn er träumt, ein Bettler, wenn er nachdenkt"), um dem Zuschauer zu verdeutlichen, welch unglaubliche

Kreativität aufzuwenden war, um den letztendlichen Zusammenschluss von Erdbeere und Mandel zu erreichen.

Nicht wegzudenken aus der bundesdeutschen Nachkriegsküche ist der *Toast Hawaii*, dessen Erfinder ebenfalls Wilmenrod war. Deutschland war begeistert: Schinken *und* Käse auf *einer* Scheibe Brot, und dann noch eine Scheibe Dosenananas dazwischen – das war der Gipfel des denkbaren Luxus, nahe an der Grenze zur Verschwendung. Dabei hatte die hessische Hausfrau alle Zutaten praktischerweise im Hause. Wäre damit nicht das exotische Flair verloren gegangen, Wilmenrod hätte seine Kreation auch nach seiner Heimatstadt *Toast Hadamar* nennen können.

Ironischerweise begann mit dem *Toast Hawaii* auch Wilmenrods Abstieg. Man mag es kaum glauben, aber es gab andere Köche, die die Erfindung des *Toast Hawaii* für sich reklamierten. Man bezichtigte ihn des Plagiats. Außerdem mehrten sich die Stimmen, die Wilmenrod Schleichwerbung unterstellten. Schon in seiner ersten Sendung hatte er den Schnellbräter *Heinzelkoch* vorgestellt, der ihn fortan auf dem Bildschirm begleiten sollte und der sogar gleichberechtigt mit Gattin Erika im Abspann erwähnt wurde. Mit zunehmendem Erfolg von Wilmenrods Sendung (mittlerweile begrüßte er sein Publikum mit den Worten „Verehrte Feinschmeckergemeinde") machte er seine Zuschauer mit weiteren, angeblich unverzichtbaren Küchengeräten vertraut, unter anderem mit dem bereits erwähnten *Schneidboy* der Firma Ritter und dessen Bruder, dem *Fleischboy* – einer Art Folterinstrument mit gezackten Rädern, das der Zermürbung allzu zäher Fleischstücke dienen sollte.

Der Absatz von Rum in Deutschland schnellte in die Höhe, nachdem Wilmenrod den bis dahin in Deutschland noch unbekannten Rumtopf vorgestellt und mit den folgenden Worten beworben hatte:

> *Der Rumtopf verbreitet etwas von Wärme und Treue im Hause. Wenn man mal gelegentlich in den Keller kommt, um irgendetwas höchst Profanes zu erledigen, so steht er in der Ecke, der bunte irdene Topf, als ein lieber Freund ... Wie könnte man das dunkle Gelass verschließen, ohne ihn, den Guten, Stillen in der Ecke, begrüßt zu haben.*[7]

Dass er dafür von einem Rumproduzenten bezahlt wurde, erregte die Gemüter, man begann über Schleichwerbung im Fernsehen zu diskutieren, die ersten Kritiker schrieben, dass Wilmenrod vom Kochen keine Ahnung habe, und der Westdeutsche Rundfunk konnte schließlich nicht anders, als Wilmenrods Sendung 1964 nach 185 Folgen einzustellen. Mit „Wärme und Treue" im Hause war es also vorbei, und der Rumtopf blieb Wilmenrods einziger Freund. Zudem, wenn das Schicksal schon zuschlägt, dann auch richtig: 1967, drei Jahre nach Einstellung seiner Sendung, wurde bei ihm Magenkrebs diagnostiziert, woraufhin er sich im Krankenhaus erschoss – dieses Ende hätte dem kulinarischen Charmeur auch der ärgste Kritiker nicht gewünscht.

Den *Toast Hawaii* kann man mit ein bisschen Glück noch heute auf der Speisekarte hessischer Dorfgasthäuser finden, sofern diese noch nicht der immer weiter um sich greifenden Verödung des hessischen Landlebens zum Opfer gefallen sind.

Auch wenn man Wilmenrod zugutehalten muss, dass er die deutsche Küche der Nachkriegszeit beeinflusst hat wie kein zweiter und dabei auch einen Hauch Exotik und Dolce Vita auf den Tisch brachte: Es bleibt das ungute Gefühl, dass ein Gericht aus Käseleim, Formvorderschinken und Dosenobst neben Frankfurter Würstchen und dem Frankfurter Kranz die einzige von Hessen erfundene Speise ist, die es zu mehr als nur lokaler kulinarischer Prominenz bringen konnte. Warum beispielsweise die *Grüne Soße* keinen Weltruhm genießt, ist vollkommen unverständlich, zumal auch sie von Wilmenrod verewigt wurde (der jedoch kühn behauptete, sie in einem Harem in Damaskus kennengelernt zu haben).

Dabei gehörte Frankfurt bis zum 18. Jahrhundert neben Wien und Hamburg zu den großen Zentren der mitteleuropäischen Kochkultur. 1581 erschienen hier die ersten gedruckten Kochbücher. Aus den Rezepten dieser Zeit geht nicht wirklich hervor, was die Frankfurter Küche herausgehoben hat, es sei denn, man hat damals andernorts ausschließlich mit Hafergrütze und altem Leder gekocht. Vielleicht war es die Freigiebigkeit bei Fleisch, Mehl und Fett, die den Ausschlag gegeben hat und die man heute nur noch in den abgelegenen Teilen des Westerwalds und des Vogelsbergs unverfälscht und ohne die ansonsten mittlerweile obligate Zugabe von Produkten der Firma Maggi finden kann.

Nach dieser ernüchternden Einsicht in die Essgewohnheiten zwischen Habichts- und Odenwald liegt der Schluss nahe, dass der Hesse bereits kurz nach der Pubertät zu Fettleibigkeit, Herzschwäche und Apoplexie neigt. Aber weit gefehlt, der Hesse ist vollkommen gesund: In einer Umfrage der DAK im Jahr 2010[8] gaben 84 Prozent der befragten Hessen an, sich „gesund zu ernähren", 82 Prozent erklärten „Sport" zu treiben und 77 Prozent wollten „weniger Alkohol" trinken. All das ist natürlich nicht gelogen. Für den Hessen bedeutet gesunde Ernährung einfach nur etwas anderes als für die DAK oder den Rest der Welt. Und Apfelwein gilt natürlich ebenso wenig als Alkohol wie Bier.

---

[6] Clemens Wilmenrod, Wie in Abrahams Schoß. Brevier für Weltenbummler und Feinschmecker. Hamburg 1958

[7] Clemens Wilmenrod, Clemens Wilmenrod bittet zu Tisch, Hamburg 1956

[8] Hessen haben große Angst vor Krankheiten. http://www.presse. dak.de/ps.nsf/rsbl/324DF68FF25EAC57C12577D1003A9425?open. Abgerufen am 15. März 2012

Hessisches Kulturgut (2): Rissolen

*E*in lange vergessenes aber ausgesprochen typisches Gericht der traditionellen Frankfurter Küche sind Rissolen, zu deren Zubereitung man das Mark aus frischen Rinderknochen schabt, dieses dann mit gehackter Leber, Zwiebeln, Ei und Petersilie zu einer geschmeidigen Farce verrührt, die man mit Salz, Pfeffer und reichlich Muskat würzt und in ein ausgehöhltes Weißbrot gibt. Der Umstand, dass man das Ergebnis in Fett schwimmend ausbackt, führt heutzutage bei Nicht-Hessen bereits nach dem ersten Bissen zu sofortiger Atemlähmung, für den Eingeborenen gilt derlei als leichter Snack für den kleinen Hunger zwischendurch oder als Vorspeise für ein ausgedehnteres Mahl. Das Gemüse am unteren rechten Bildrand ist allerdings vollkommen untypisch und dient ausschließlich dekorativen Zwecken.

Die Zukunft: ist die Zeit, von der man spricht, wenn man
in der Gegenwart mit einem Problem nicht fertig wird.
Wolf Schmidt, Firma Hesselbach

Der Hesse und das Unterseeboot

Es war ein freundlicher Sommertag im August des Jahres 1691, aber Denis Papin schaute mit einer Mischung aus Ärger und Verzweiflung auf die Trümmer, die vor ihm in der Fulda schwammen. Ja, dieser Tag war sogar noch schlimmer als jener verhängnisvolle Augenblick im Jahr 1679, als er in der Royal Society in London seinen jüngst erfundenen Dampfkochtopf vorstellte, der dann mit einem Knall explodierte, wie man ihn in dieser erlauchten Runde noch nicht gehört hatte. Der heutige Tag war tatsächlich noch katastrophaler, denn während Papins damalige Londoner Kollegen das Missgeschick zwar mit hochgezogenen Augenbrauen, aber ansonsten mit britischem Understatement zur Kenntnis genommen hatten, kannte die Schadenfreude an den Ufern der Fulda keine Grenzen. Während immer noch kleine Luftblasen aus den versunkenen Trümmern aufstiegen, kam Papin zu dem Schluss, dass die letzten Minuten in der Liste der peinlichen Momente seines Lebens ganz weit oben standen.

Dabei sollte es ein erhabener Augenblick werden, eine Sternstunde der Wissenschaft, und wie immer, wenn etwas grandios zu scheitern versprach, hatte sich neben den üblichen Honoratioren eine große Schar Schaulustiger eingefunden. Denis Papin, Professor für Mathematik an der

Universität Marburg, hatte im Auftrag des Landgrafen Karl von Hessen-Kassel ein Unterwasserboot gebaut, das 1691 in Kassel erstmals erprobt werden sollte. Die Stimmung war prächtig, aber das Unternehmen in den Augen der meisten Anwesenden vollkommen ohne Sinn und Verstand, denn warum, so fragte man sich, solle man ein Schiff unter Wasser fahren lassen, wo man doch üblicherweise so viel Wert darauf legte, dass es eben nicht versank. Nur die kühneren unter den Zuschauern erkannten den militärischen Nutzen eines Unterwasserfahrzeugs – vorausgesetzt, es war dicht und man konnte darin atmen. Beides war an diesem Tag zu beweisen.

Genauer gesagt, es wäre zu beweisen gewesen, denn noch bevor man das U-Boot kontrolliert in die Fulda gleiten lassen konnte, löste sich der Haken, mit dem es befestigt war, das Meisterwerk des Professors rutschte ungebremst in den Fluss, zerbrach und versank. Während die Menge noch johlte und Papins Kollegen von der Universität teils peinlich berührt vom Wetter sprachen, teils spöttisch den Misserfolg kommentierten, und die Wellen der Fulda die aufsteigenden Bruchstücke seiner Erfindung als eine Art Flaschenpost des Scheiterns stromabwärts trugen, fragte sich Papin, warum das Schicksal ihn ausgerechnet zu den Hessen geführt hatte – zu unfähigen Handwerkern, die den ganzen Tag damit beschäftigt waren, jemand anderem irgendeine Schuld zu geben („Woher soll isch dann wisse, was der Franzos an den Hake hänge will ..."), zu ungehobelten Menschen, die sich seit Tacitus' Tagen von Mehlbatzen, Pökelfleisch und Bier ernährten, und zu einem Landgrafen, der permanent vor Ungeduld mit den Hufen scharrte und jeden Tag eine neue Idee hatte, die Papin umsetzen musste.

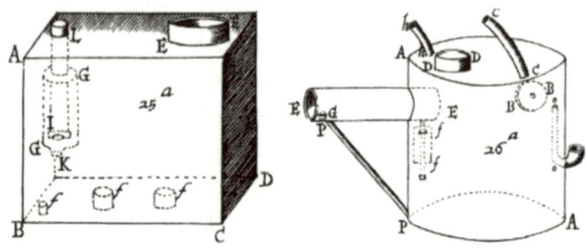

Landgraf Karl hatte erkannt, dass eine neue Zeit angebrochen war, mit ein wenig Verspätung auch in Hessen: Das Zeitalter des Dampfes hatte begonnen. Die hervorragendsten Wissenschaftler experimentierten mit kochendem Wasser, und obwohl selbst die kühnsten Geister nicht absehen konnten, welche technologischen, wirtschaftlichen und sozialen Umwälzungen die Dampftechnologie mit sich bringen würde, so ahnte man doch bereits, welches Potenzial ein pfeifender Kessel hatte.

Hessen-Kassel war gegen Ende des 17. Jahrhunderts ein verträumter Flecken, der gerade begann, sich von den Verwüstungen und Zerstörungen des Dreißigjährigen Kriegs zu erholen. Und Landgraf Karl hatte Träume: Kassel sollte ein Zentrum von Kultur, Wissenschaft und barockem Hofleben werden. Auf den Hügeln über der Stadt träumte er sich eine überdimensionale Herkules-Statue samt Riesenschloss und sich selbst in die erste Riege der deutschen Landesfürsten.

Allerdings war ihm auch bewusst, dass die Verwirklichung seiner Pläne Geld kosten würde. Sehr viel Geld, das er bedauerlicherweise nicht hatte. Bei seinen Untertanen war auch keines zu holen, denn die waren zufrieden mit dem, was der karge nordhessische Boden hergab, solange Stücke vom Schwein und Bier auf dem Tisch standen. Wirtschaftlichen Innovationen misstrauten sie, ebenso der Anhäufung von Reichtümern, die doch nur wieder die Begehrlichkeiten anderer wecken würden. Also besorgte der Landgraf sich neue Untertanen, von denen er wusste, dass sie anders dachten: Hugenottische Flüchtlinge waren nicht nur dankbar für Zuflucht, sie brachten auch ganz neue Sitten, Bedürfnisse und nicht zuletzt Berufe mit – Handschuhmacher, Hutmacher und Perückenmacher waren zuvor in Hessen ebenso unbekannte wie unnötige Berufszweige gewesen. Außerdem war wirtschaftlicher Erfolg für die calvinistischen Hugenotten Teil eines gottgefälligen Lebens. Allerdings war auch die Ansiedlung der Glaubensflüchtlinge mit Investitionen verbunden, die sich erst langfristig auszahlen sollten: Neue Dörfer und Städte mussten gegründet und gebaut werden, dazu neue Straßen, Manufakturen und Kirchen.

Um auch kurzfristig Geld in die Kasse zu bekommen, verfiel der Landgraf auf eine andere Idee: Er vermietete Soldaten. Hessen-Kassel unterhielt (zumindest gemessen an der

Einwohnerzahl) eines der größten Heere Deutschlands – weniger zum eigenen Gebrauch, denn als Geldquelle für die chronisch leeren landgräflichen Kassen.

Auch die Landwirtschaft – im rauen Klima Nordhessens schon immer ein schwieriges Unterfangen – versuchte er voranzubringen, indem er seine Bauern Kartoffeln anbauen ließ. Bislang war diese Pflanze vor allem wegen ihrer schönen Blüten beliebt gewesen, aber der Landgraf hatte die Vision, dass sie die Nahrungsgrundlage seiner Bevölkerung sein würde. Jedenfalls die seiner Bauern, denn den eigenen Menüplan gedachte er mit den fragwürdigen und als giftig verrufenen Nachtschattengewächsen nicht zu bereichern.

Neues Gemüse, neue Nachbarn und die permanente Gefahr, als junger Mann auf offener Straße von den Bütteln des Landgrafen eingesammelt und an irgendeinen fernen Kriegsschauplatz verschickt zu werden – die Hessen-Kasseler begegneten den Ideen und Innovationen ihres Landesherrn ungefähr mit dem gleichen Enthusiasmus, den sie auch einem sommerlichen Hagelschauer oder einer vereiterten Zahnwurzel entgegenbrachten. Der landgräflichen Begeisterung für die Dampftechnologie standen sie deshalb mit einer Haltung gegenüber, die ungefähr mit der heutigen Reaktion auf einen Kreistagsbeschluss zum Bau eines neuen Windparks vergleichbar ist.

Karl dagegen erhoffte sich vom Dampf Großartiges. Den Hugenotten Denis Papin, Curator of Experiments der Royal Society, hatte er eigentlich als Professor für Mathematik an die Marburger Universität geholt – aber dafür blieb

Papin nicht viel Zeit, denn der Landgraf betrachtete ihn eher als seinen persönlichen Hof-Erfinder. Papins erste Aufgabe war die Entwicklung einer Dampfmaschine, von der Karl sich erhoffte, dass sie beim Betrieb von grandiosen Wasserspielen hilfreich sein würde und nebenbei auch noch Bergwerke und sumpfige Täler entwässern könnte. Papins Wärmekraftmaschine, die er 1690 in Marburg vorstellte, war noch nicht die bahnbrechende Erfindung, die James Watt siebzig Jahre später berühmt machen sollte, aber sie konnte bereits Wärme in Bewegung umwandeln. Die hessische Öffentlichkeit, der das Wunderwerk vorgestellt wurde, reagierte allerdings mit der landestypischen Mischung aus Argwohn und Zweifel. Man applaudierte höflich, so wie man auch bei der Vorführung einer Frau ohne Unterleib applaudiert hätte, aber man darf unterstellen, dass die Papinsche Dampfmaschine den anwesenden Herren ebenso nutzlos erschien wie eine unterleibslose Dame: interessant, aber man möchte sie nicht zu Hause haben.

Landgraf Karl ließ sich von der Ignoranz seiner Bevölkerung nicht abhalten. Nach der Dampfmaschine wollte er ein U-Boot. Es ist weder bekannt, wie er auf die Idee kam, noch, was er damit anstellen wollte, denn das tiefste Gewässer in seinem Herrschaftsbereich war die Fulda – und deren strategische Bedeutung ist, bei allem Lokalpatriotismus, eher gering einzuschätzen. Vielleicht hegte er die Hoffnung, neben seinen Soldaten auch U-Boote vermieten zu können. Warum er kein Interesse an einer Dampfkanone zeigte, die Papin in Venedig konstruiert hatte, ist unklar. Aber da nach Papin niemand mehr an einer solchen Waffe gearbeitet hat, kann man annehmen, dass diese Erfindung eher ein Reinfall war.

Von Papins U-Boot konnte man das allerdings nur bedingt behaupten, denn 1692, im zweiten Anlauf, gelang das Experiment: Das U-Boot tauchte unter, man konnte darin – dank einer Pumpe, welche die Luft austauschte – atmen, und die Konstruktion kam sogar wieder an die Oberfläche. Aber da war der Landgraf schon nicht mehr interessiert, er hatte bereits neue Visionen: Ein Kanal sollte Bad Karlshafen mit der Fulda verbinden. Dampfschiffe sollten darauf fahren. Und wo blieben eigentlich die grandiosen Wasserspiele, die er in Auftrag gegeben hatte? Und mit seinem Herkules hatte man auch noch nicht angefangen ...

Papin begann zu begreifen, dass eine Anstellung bei Landgraf Karl von Hessen-Kassel nicht den Ruhm bringen würde, der ihm zustand. Im Gegenteil, im Rest der Welt fand eine technische Revolution statt – sein Konkurrent Thomas Savery hatte in London gerade eine Dampfpumpe zum Patent angemeldet –, während seine eigenen Erfindungen in Hessen ausgelacht und anderswo nicht zur Kenntnis genommen wurden. Zudem haderte er weiter mit den hessischen Handwerkern, die nicht in der Lage zu sein schienen, das zu bauen, was er ihnen beschrieb. Seine Briefe wurden immer verzweifelter, er überwarf sich wegen eines absurden Streits, bei dem es um die Sitzordnung in der Kirche ging, mit der hugenottischen Gemeinde, und versuchte schließlich aus Hessen-Kassel zu flüchten: Mit einem von ihm erfundenen Dampfschiff wollte er 1707 über Fulda und Weser die Nordsee und schließlich Großbritannien erreichen. Er stellte sich vor, wie er am Bug seines Schiffes stehend auf der Themse nach London fahren würde, begleitet vom lauten Jubel der Menge an beiden Ufern der Themse. Aber auch dieser Plan scheiterte an der hessischen Starrköpfigkeit: Die Schiffer- und Fischergilden an der Weser sahen das Dampfschiff als Bedrohung, brachen einen Streit wegen angeblich fehlender Passierrechte vom Zaun und zerstörten schließlich das Schiff.

Papin kam erst ein Jahr später in London an, ohne Dampfschiff, ohne seine Familie und ohne Illusionen. Er führte ein zurückgezogenes Leben, und man sagt, dass er schreiend davonlief, wenn ihn jemand auf seine Zeit in Hessen ansprach.

Ah, Valerio, Valerio, jetzt hab ich's! Fühlst du nicht
das Wehen aus Süden? Fühlst du nicht, wie der tiefblaue,
glühende Äther auf und ab wogt, wie das Licht blitzt
von dem goldenen sonnigen Boden, von der heiligen
Salzflut und von den Marmorsäulen und -leibern?
Georg Büchner, Leonce und Lena

Die Hessin und das Abenteuer

Es ist schon ein bisschen frustrierend: Sucht man nach Hessen, die sich in der Weltgeschichte außerhalb ihres kleinen Auenlandes hervorgetan haben, sei es als Entdecker, Weltreisender, Forscher oder gar Abenteurer, dann findet man recht wenig. Das mag an den allgegenwärtigen Mittelgebirgen liegen, die den Blick verstellen und gleichzeitig eine Hürde darstellen, die manchen am Aufbruch hindert. Jedenfalls scheint sich kaum jemand gefragt zu haben, was hinter dem nächsten Hügel liegt. Oder man war von vornherein sicher, dass es sich nicht lohnt, hinter den Hügel zu schauen.

Es gab allerdings auch Zeiten, in denen der Bedarf der Hessen an Abenteuern vollkommen gedeckt wurde, ohne ihre Heimat verlassen zu müssen. Johan Jacob Christoffel von Grimmelshausen kam im Jahr 1621 (oder 1622, man weiß es nicht so genau) auf die Welt, was kein günstiger Augenblick war, da wenige Jahre zuvor der Dreißigjährige Krieg ausgebrochen war. Bereits im Alter von 13 Jahren musste Grimmelshausen die Erfahrung machen, dass seine Heimatstadt Gelnhausen von kaiserlichen Truppen zerstört, geplündert und gebrandschatzt wurde, und das aus dem einfachen Grund, weil ihre Einwohner darauf beharrten, einer Religion anzuhängen, die dem Kaiser nicht genehm war. Ein Jahr später wurde Grimmelshausen vermutlich erst von kroatischen Truppen nach Hersfeld verschleppt, dann von hessischen Truppen nach Kassel und anschließend von kaiserlichen Truppen nach Magdeburg. So ging das immer weiter, bis 1648 der Krieg endlich vorbei war. Grimmelshausen war 27 Jahre alt und mit einem Großteil aller Völker Europas zusammengetroffen, ohne sich allzu weit von seiner Heimatstadt entfernt zu haben. Da die meisten Zusammentreffen ausgesprochen unfriedlich verlaufen waren und er auch kaum hatte entscheiden können, wo und mit wem er zusammentraf, war sein Bedarf an fremden Völkern und Abenteuern verständlicherweise gründlich gedeckt. Den Rest seines Lebens verbrachte er als Gutsverwalter, Gastwirt und Schultheiß, zeugte zehn Kinder und schrieb das monumentale Werk *Der Abentheuerliche Simplicissimus Teutsch*, in dem er eindringlich vor den fatalen Folgen von Krieg und allzu kühnem Wagemut warnt.

In den folgenden Jahrhunderten verließ kaum jemand aus Gründen der Abenteuerlust oder der Entdeckerfreude seine hessischen Heimatgefilde. Natürlich wanderten viele aus, aber das geschah in der Regel aus wirtschaftlicher Not oder – insbesondere in revolutionären Zeiten – vor dem Hintergrund drohender Strafverfolgung. Man muss zudem erwähnen, dass das Reisen damals sehr viel zeitaufwändiger und beschwerlicher war als heute: Allein für die Strecke von Frankfurt nach Fulda benötigte man im 18. Jahrhundert mit der Pferdekutsche noch mehr als 26 Stunden. Von Räuberbanden, Zolleintreibern und Herbergswirten, die alle nur eines im Sinne hatten, nämlich die Reisenden um ihr Geld und eventuell auch um ihre sonstige Habe zu erleichtern, ganz zu schweigen. Schon eine Reise durch den Spessartwald, der als besonders gefährlich und verrufen galt, konnte so zu unerwarteten Abenteuern führen, die mit dem, was man heute an der Raststätte Spessart Nordseite erleben kann, kaum zu vergleichen sind.

Der Hesse blieb also zu Hause. Weder auf der Seidenstraße noch auf dem Nil oder in der Südsee ließ sich einer blicken. Auch die Aussicht, mal über etwas anderes zu nörgeln als über die immer gleichen Menschen, Zustände und Wetterphänomene, konnte nicht locken. Als Graf Friedrich Kasimir von Hanau im Jahr 1669 den originellen Plan fasste, zwischen Amazonas und Orinoco 100.000 Quadratkilometer Land zu kaufen und dort das Königreich Hanauisch-Indien zu gründen, hoffte er auf Siedler, Entdecker und Abenteurer, die sich von sagenhaften Goldschätzen locken ließen. Es wollte jedoch niemand nach Südamerika – mit einer Ausnahme.

Eine Hessin mochte den heimischen Ofen nicht mehr sehen und fuhr nach Surinam, allerdings nicht des Goldes wegen: Maria Sibylla Merian. Die 1647 in Frankfurt geborene Naturforscherin und Künstlerin machte sowieso selten das, was von ihr erwartet wurde: Ihre ein wenig kleingeistige Mutter schätzte es nicht, dass Maria schon als Kind ihrem Vater, dem Verleger und Kupferstecher Matthäus Merian dem Älteren, nacheiferte und mit Begeisterung Blumen malte. Dabei lag dieses Talent in der Familie, und selbst Marias Mutter heiratete 1651 nach dem Tod von Matthäus Merian erneut einen Blumenmaler. Maria war der Standpunkt ihrer Mutter auch herzlich egal, sie ließ sich von ihrer floralen Leidenschaft nicht abbringen und wurde darin glücklicherweise von ihrem Stiefvater unterstützt. 1665 heiratete sie Johann Andreas Graff, einen Schüler ihres Stiefvaters, aber da sich mit der Zeit herausstellte, dass dieser ein etwas liederlicher Geselle war – ihr zudem geistig und künstlerisch unterlegen –, trennte sie sich nach 20 Jahren Ehe von ihm. Ein Schritt, den im 17. Jahrhundert nur eine Frau wagen konnte, der egal war, was die Leute über sie sagen und die sich selbst und ihre Kinder ernähren konnte. Da ihr Mann stets nur wenig Geld nach Hause gebracht hatte, musste sie die Familie auch schon zuvor durchbringen. Nun war es Frauen zu dieser Zeit – aus welchen Gründen auch immer – untersagt, mit Ölfarben auf Leinwände zu malen, sie musste sich also auf Kupferstechereien und das Malen mit Aquarellfarben auf Papier beschränken. Außerdem handelte sie mit Farben und Malerbedarf und unterrichtete Patriziertöchter im Zeichnen und Malen. Ihre erste Veröffentlichung war das *Neue Blumenbuch* mit kolorierten Kupferstichen, die als Vorlagen für Blumenstickereien adeliger Damen gedacht waren.

All das klingt noch nicht wirklich nach Abenteuern in fernen Ländern, aber Maria Sibylla Merian hatte noch eine zweite Leidenschaft, die ebenfalls das Misstrauen der Kirche und feinen Gesellschaft hervorrief: Raupen und Insekten. Insbesondere Insekten betrachtete man mit Argwohn, da man sie für Ausgeburten des Teufels hielt, die in einer nicht näher bezeichneten Weise aus Dreck entstanden und nichts anderes im Sinn hatten, als Christenmenschen Blut und Seele auszusaugen. Wenn man sich schon mit ihnen beschäftigte, dann ausschließlich zum Zweck ihrer Vertilgung. Maria Sibylla Merian sah jedoch in Insekten und vor allem Raupen mehr als nur lästiges Ungeziefer: Sie malte sie in ihren Entwicklungsstadien, in allen Details und zusammen mit den Pflanzen, auf denen sie leben. Während sie zu Beginn ihrer Karriere als Malerin nur ein hübsches Beiwerk zu den Blumen waren, traten die Raupen und Insekten immer mehr in den Vordergrund. Schon ihre zweite Veröffentlichung von 1679 beschäftigte sich ausschließlich mit haarigen Kriechtieren und ihren Eigenheiten:

Der Raupen wunderbare Verwandelung und sonderbare Blumennahrung, worinnen durch eine gantz neue Erfindung der Raupen, Würmer, Sommervögelein, Motten, Fliegen und anderer dergleichen Thierlein Ursprung, Speise und Veränderungen samt ihrer Zeit, Ort und Eigenschaften den Naturkündigern, Kunstmahlern und Gartenliebhabern zu Diensten fleißig untersucht, kürzlich beschrieben, nach dem Leben abgemahlt, ins Kupfer gestochen und selbst verlegt von Maria Sibylla Gräffin, Matthaei Merians des Eltern Seel. Tochter.

Damit begründete sie nicht nur die Insektenkunde, sondern erwarb sich auch einen Ruf als Künstlerin und Naturforscherin. Ihr Gatte konnte sich allerdings mit dem Treiben und dem Ruf seiner Frau, wie erwähnt, überhaupt nicht anfreunden, weshalb sie ihn (und ihre Heimatstadt Frankfurt) 1685 verließ und sich samt ihrer Mutter und ihren zwei Töchtern – ein wenig überraschend – nach Westfriesland auf das Schloss Waltha zurückzog. Das Schloss gehörte den drei Schwestern des Gouverneurs von

Surinam, Cornelius van Sommelsdijk. Diese hatten es der streng-pietistischen Sekte der Labadisten zu Verfügung gestellt, welche dort ihre Vorstellungen von schwärmerischer Gottesnähe und engherziger Moral auslebten. Es ist nicht ganz klar, was Merian ausgerechnet hierhin trieb, aber der Aufenthalt auf Schloss Waltha hatte den angenehmen Nebeneffekt, dass sich die Scheidung von ihrem Gatten dort besser vorantreiben ließ als sonst irgendwo in Mitteleuropa, weil die Labadisten die Ehetrennung guthießen. Außerdem kam sie hier erstmals mit Pflanzen und Tieren aus Surinam in Kontakt:

In Holland sah ich jedoch voller Verwunderung, was für schöne Tiere man aus Ost- und West-Indien kommen ließ, […] In jenen Sammlungen habe ich diese und zahllose andere Insekten gefunden, aber so, dass dort ihr Ursprung und ihre Fortpflanzung fehlten, das heißt, wie sie sich aus Raupen in Puppen und so weiter verwandeln. Das alles hat mich dazu angeregt, eine große und teure Reise zu unternehmen und nach Surinam zu fahren (ein heißes und feuchtes Land […]), um dort meine Beobachtungen fortzusetzen.[9]

1699 macht sie sich mit ihrer jüngeren Tochter Maria tatsächlich auf den Weg nach Surinam. Zuvor hatte sie Schloss Waltha wieder verlassen, sich in Amsterdam niedergelassen und erneut geheiratet. Natürlich hatte man ihr von Surinam abgeraten, das Klima sei viel zu heiß, und außerdem sei sie eine Frau, und ihre Tochter viel zu jung, das könne nicht gut gehen, alles werde in Tränen enden, und so weiter – aber sie ließ sich nicht abschrecken, fuhr hin und blieb zwei Jahre dort. In dieser Zeit lebte sie in

einer Pietistengemeinde, 65 km entfernt von der Hauptstadt Paramaribo, und durchstreifte mit ihrer Tochter den
Urwald. Wenn sie nicht gerade mit dem Sammeln und
Zeichnen von Pflanzen und Tieren beschäftigt war, ging
sie der örtlichen Kolonialverwaltung auf die Nerven, da sie
sich mit der unfreundlichen Behandlung der Eingeborenen nicht anfreunden konnte. Erst im September 1701
kam sie wieder nach Amsterdam, und brachte neben der
Malaria, die sie im Urwald von Surinam befallen hatte,
eine gewaltige Sammlung von Pflanzen und Tieren mit,
die als große Sensation im Stadthaus ausgestellt wurde[10].

Die nächsten Jahre verbrachte Merian damit, ihr Haupt-
werk *Metamorphosis Insectorum Surinamensis*, herauszugeben, das 1705 in Amsterdam erschienen ist, und in welches sie viel Geld investierte. Als sie 1717 starb, galt sie
daher als unvermögend. Nach Hessen ist sie bis zu ihrem
Tod nicht mehr zurückgekehrt.

Auch die Hessen bleiben weiterhin lieber daheim. Sicher,
Goethe brach auf nach Italien, aber das war 1786 schon
kein Abenteuer mehr, wenn man einmal von den schmut-
zigen Laken in italienischen Gasthäusern absah, die man
aber in Hessen genauso finden konnte. Jedenfalls war der
Abenteuerfaktor von Goethes Italienreise deutlich kleiner
als bei seiner Zeitgenossin Louise van Panhuys aus Frankfurt[11], die alles daran setzte, auf den Spuren von Maria
Sibylla Merian zu wandeln: Sie reiste nicht nur mit ihrem
Bruder nach England, um sich dort in der Kunst der Land-
schaftsmalerei unterrichten zu lassen, nein, sie ließ auch
nichts unversucht, um ebenfalls nach Surinam zu kommen. Da sie selbst aus dem Frankfurter Patrizieradel

stammte – sie war eine geborene von Barckhaus genannt zu Wiesenhütten – war es ihr ein Leichtes, den niederländischen Offizier Wilhelm Benjamin van Panhuys zu ehelichen, der zufällig Erbe einer Kaffeeplantage in Surinam war. 1811 reiste sie nach Südamerika ab und beschäftigte sich für die nächsten fünf Jahre mit dem Anbau von Kaffee und Zucker, außerdem mit tropischer Hitze, unerfreulichen Insekten, sonderbaren Krankheiten und den gesellschaftlichen Verpflichtungen, denen sie sich widmen musste, als ihr Gatte zum Gouverneur ernannt wurde. Nebenbei malte sie alles, was ihr vor die Leinwand kam. Als sie 1816 nach Frankfurt zurückkehrte – ihr Mann war kurz nach seiner Ernennung zum Gouverneur gestorben –, hatte sie offenbar die Nase voll von Surinam und Abenteuern, denn die nächsten 28 Jahre bis zu ihrem Tod 1844 verbrachte sie dann wieder in ihrem Elternhaus in der Großen Eschenheimer Gasse, Ecke Zeil, zu dessen Vorbesitzern auch der Bruder von Maria Sibylla Merian gehört hatte.

Das Gefühl, wieder zu Hause zu sein, sei es nach einem langjährigen Aufenthalt in Südamerika oder auch nur nach einem kurzen Ausflug in die nähere Umgebung, kennt jeder Hesse. Goethe hat es 1790 nach seiner zweiten Italienreise so beschrieben:

Keine Sehnsucht fühlte mein Herz; es wendete rückwärts, nach dem Schnee des Gebirges, bald sich der schmachtende Blick.
Südwärts liegen Schätze, wie viel! Doch einer im Norden zieht, ein großer Magnet, unwiderstehlich zurück.[12]

[9] Aus dem Vorwort zu: Maria Sibylla Merian, Metamorphosis Insectorum Surinamensium, Amsterdam 1705.

[10] Ein Teil ihrer Sammlung kam über Umwege nach Wiesbaden und bildete dort den Grundstock für das Naturhistorische Museum.

[11] Fast wäre Louise auch Goethes Schwägerin geworden, da er allem Anschein nach um 1770 ein Verhältnis mit ihrer Schwester Charlotte hatte. Jedenfalls behauptet das der Frankfurter Bankier Johann Jakob von Willemer. Allerdings: Wenn man sich ein wenig mit dieser Zeit befasst, kommt man um die Vermutung nicht herum, dass man damals jeder Frau zwischen Frankfurt und Weimar eine Liebschaft mit Goethe nachsagte – oder wahlweise eine Verwandtschaft mit seiner Mutter. Auf Louise und ihre Schwester traf aber auch dies zu: ihre Mutter war eine Cousine zweiten Grades von Frau Aja.

[12] Johann Wolfgang von Goethe, Epigramme, Venedig 1790; Sämtliche Werke, Münchner Ausgabe, Bd. 3.2., München 1990, S. 149.

Es ist ein Jammer!
Alles geht zugrunde.
Die Braten schnurren ein.
Georg Büchner, Leonce und Lena

Der Hesse und das Kamel

Im April 1945 lag Hessen in Trümmern. In Berlin wurde noch gekämpft, für Frankfurt war der Krieg zwar vorbei, aber die Nachkriegszeit hatte noch nicht begonnen. Noch wagte niemand an ein halbwegs luxuriöses Leben mit Toast Hawaii und einem Schnellbräter der Marke *Heinzelkoch* zu denken. Es gab noch nicht einmal einen Plan, wie man 18 Millionen Tonnen Trümmer aus dem Stadtbild entfernen könnte, geschweige denn, was man danach mit der freien Fläche anfangen sollte.

Wenn der provisorische Bürgermeister aus dem Fenster seines provisorischen Amtszimmers schaute, sah er Menschen, die traumatisiert durch staubige Ruinen hasteten, auf der Suche nach Brot, Wasser, Verwandten oder einem Dach, das nicht in nächster Zeit einzustürzen drohte. Der Ausblick war ernüchternd, aber der Bürgermeister hätte ihn dem Anblick von Lt. Col. Howard D. Criswell, dem Chief Military Government Officer von Frankfurt, kurz C.M.G.O., jederzeit vorgezogen.

Wilhelm Hollbach hatte nie vorgehabt, Bürgermeister von Frankfurt zu werden, weder provisorisch noch sonst irgendwie – er war Journalist, und sein Plan war es, eine Zeitung herauszugeben. Er hatte seit 1931 für die *Frank-*

furter Zeitung geschrieben, bis diese 1943 verboten wurde, und war Schriftleiter für *Das Illustrierte Blatt* und die *Neueste Zeitung*, bis alles zusammenbrach. Die nationalsozialistische Verlagsleitung war geflüchtet, die Rotationsdruckpressen waren zwar herrenlos aber funktionstüchtig, und Hollbach erklärte sich kurzerhand zum Geschäftsführer des Verlags der Frankfurter Zeitung. Bereits Ende März, nur wenige Tage nachdem amerikanische Truppen Frankfurt besetzt hatten, wurde er bei der alliierten Militärregierung des Kreises Frankfurt vorstellig und beantragte, die *Frankfurter Zeitung* wieder herausgeben zu können. Der C.M.G.O. war allerdings an Zeitungen nicht interessiert, schon gar nicht an deutschen. Was er brauchte, war ein provisorischer Bürgermeister, einer der anfangen konnte, den ganzen Schlamassel aufzuräumen oder der wenigstens die Verteilung der amerikanischen Nahrungsmittellieferungen übernahm. Als Hollbach das amerikanische Hauptquartier verließ, hatte er keine Lizenz für eine Zeitung, aber ein Amt, um das ihn keiner beneidete – Temporary Lordmayor of Frankfurt am Main. So stand es auf einem Stück Papier, dass ihm der C.M.G.O. gegeben hatte. Allerdings wussten sonst auch nur wenige, dass er dieses Amt überhaupt innehatte, denn sein Name war von der alliierten Militärverwaltung bisher geheim gehalten worden, angeblich um ihn und seine Familie vor Anschlägen von denjenigen zu schützen, die noch nicht begriffen hatten, dass schon wieder eine neue Zeit angebrochen war.

Sein Amtsantritt war nun keine fünf Wochen her, und Hollbach wurde das Gefühl nicht los, dass der C.M.G.O. seine Entscheidung bereute. Das konnte aber auch daran liegen, dass amerikanischen Militärangehörigen das Fraternisieren mit Deutschen strengstens verboten war. Unter anderem war es ihnen nicht erlaubt, Deutschen die Hände zu schütteln oder gemeinsam mit ihnen Getränke einzunehmen. Dies machte die regelmäßigen Sitzungen der provisorischen Frankfurter Bürgerschaftsvertretung mit dem C.M.G.O. zu einer wenig herzlichen und sehr trockenen Angelegenheit.

„O. k., Boys", schnarrte der C.M.G.O. nun. Der provisorische Bürgermeister und der provisorische Polizeipräsident wechselten einen Blick mit hochgezogener Augenbraue. Es wurde viel bedeutungsvoll geblickt, geschaut und geblinzelt in diesen Tagen, besonders in den Sitzungen der provisorischen Bürgerschaftsvertretung.

„What's new?" Die Lage im Zoo sei entsetzlich, sagte der provisorische Polizeipräsident. Mit den wenigen verbliebenen Polizisten könne man die noch lebenden Tiere kaum vor der Bevölkerung retten, die nach frischem Fleisch verlange. Er habe hier einmal einen possierlichen kleinen Nager mitgebracht, den er in letzter Sekunde vor dem Kochtopf gerettet habe. Das kleine pelzige Tier schaute mit großen schwarzen Knopfaugen in die Runde.

Der Zoo werde sowieso geschlossen, raunzte der C.M.G.O., ohne das ängstlich schnuppernde Tierchen eines Blickes zu würdigen. Die Polizei solle sich um wichtigere Dinge kümmern. Den Schwarzmarkt zum Beispiel.

Aber er habe keine Ahnung von diesen Dingen. Er sei nun mal Tiermediziner, entgegnete der provisorische Polizeipräsident. Er wäre viel lieber Zoodirektor, da könnte er …

Der C.M.G.O. bedachte ihn mit einem Blick, der deutlich ausdrückte, wie egal ihm das sei und wechselte das Thema. General Eisenhower, der Oberkommandierende der alliierten Streitkräfte und Militärgouverneur der amerikanisch besetzten Zone, verlege in Kürze sein Hauptquartier nach Frankfurt. Man erwarte eine angemessene Begrüßung seitens der provisorischen Stadtverwaltung. Nichts Aufwändiges, ein Gulasch reiche vollkommen aus.

Ein Gulasch?, riefen die meisten der anwesenden Damen und Herren. Wo solle man das hernehmen? Ob der C.M.G.O. wisse, wie ...

Man werde sich freuen, dem General ein Gulasch zu servieren, unterbrach der vorläufige Vorsitzende der provisorischen Industrie- und Handelskammer die Rufe. Er habe früher immer gerne Geschäfte mit seinen amerikanischen Partnern gemacht und freue sich darauf, alte Kontakte wiederzubeleben.

Wie der Herr sich das vorstelle, entgegnete die provisorische Vertreterin der Fleischerinnung, die in der Stadt schon immer ein gewichtiges Wort mitzureden hatte. Seit Monaten habe sie nichts mehr geschlachtet, weil es eben nichts zu schlachten gäbe.

Wenn es ums Schlachten ginge, falle ihm schon jemand ein, fiel ihr der vom C.M.G.O. in die Bürgerschaftsvertretung berufene Kommunist ins Wort und fixierte dabei den vorläufigen Vorsitzenden der Industrie- und Handelskammer. Diejenigen nämlich, die sich selbst in den letzten

Monaten und Wochen noch die Taschen vollgestopft hätten. Die Herren von der IG Farben, die …

Er wisse nicht, wovon der werte Kollege spreche, entgegnete der Angesprochene. Er wohne etwas abgelegen im Taunus und habe daher von der Tagespolitik in den letzten Jahren nur wenig mitbekommen. Die jüngsten Ereignisse und Entwicklungen hätten ihn vollkommen überrascht.

Er habe gehört, dass letzthin eine Stadttaube auf dem Schwarzmarkt angeboten worden sei, bereits gerupft und ausgenommen, warf der einstweilige Sprecher des Gaststättenverbandes vorsichtig in die Debatte. Natürlich habe er selbst nichts damit zu tun, fügte er schnell hinzu, als er den Blick des provisorischen Polizeipräsidenten sah, es sei nur so ein Gedanke gewesen.

Dem General eine gebratene Taube zu servieren, quasi als Symbol für Frieden und den Heiligen Geist, sei wohl das falsche Signal, entgegnete der evangelische Pfarrer, während der katholische sich die Lippen leckte, und der Vertreter der jüdischen Gemeinde zu bedenken gab, dass eine Taube immerhin koscher sei.

Er habe da vielleicht eine bessere Idee, warf der provisorische Polizeipräsident ein, der unter den misstrauischen Blicken des C.M.G.O. gerade einige geflüsterte Worte mit dem provisorischen Bürgermeister gewechselt hatte. Als Polizeipräsident müsse er selbstverständlich das städtische Eigentum schützen, soweit es noch existiere, als Zoodirektor hätte er bestimmt andere Möglichkeiten. Es gebe da ein Kamel, das bei den Bombenangriffen schwer verletzt worden sei. Wenn die Stadtverwaltung und die Industrie- und Handelskammer so viel Wert darauf legten, General Eisenhower standesgemäß zu begrüßen, könne er sich eine Kooperation vorstellen.

„What?" fragte der C.M.G.O. Der vorläufige Vorsitzende der provisorischen Industrie- und Handelskammer nickte verständnisvoll und sagte, der Frankfurter Zoo brauche sicher in den kommenden Aufbaujahren eine großzügige Unterstützung seitens der Industrie. In der gegenwärtigen Situation sei es von größter Wichtigkeit, gute Beziehungen zu Amerika aufzubauen. Von allergrößter Wichtigkeit.

„What?", wiederholte der C.M.G.O., der nur „Amerika" verstanden hatte, nun schon etwas lauter.

Die vorläufige Vertreterin der Fleischerinnung sagte, mit Zwiebeln könne sie sich das gut vorstellen. Der einstweilige Sprecher des Gaststättenverbandes fragte, wie es dem Elefanten gehe, wurde aber vom provisorischen Polizeipräsidenten mit einem Blick zum Schweigen gebracht.

„What?" Der C.M.G.O., der nun gar nichts mehr verstand, schaute verwirrt in die Runde. Der von der U. S. Army herausgegebene *Pocket Guide to Germany* („This booklet is issued in the interest of informing you about the country you occupy") hatte ihn auf diese Situation nicht vorbereitet.

„Kamel", assistierte der provisorische Bürgermeister. „Camel." Der C.M.G.O überlegte für einen Augenblick, wie er diese Information interpretieren sollte, entschied sich dann aber für das Nächstliegende. „Camel. O.K. The General raucht vier packets each day."

Noch während der C.M.G.O. sich fragte, ob hier alles mit rechten Dingen zugehe und energisch nach einer Übersetzung verlangte, enthob der provisorische Bürgermeister den provisorischen Polizeipräsidenten Bernhard Klemens Maria Pius Grzimek seines Amtes, ernannte ihn zum kommissarischen Leiter des Frankfurter Zoologischen Gartens und übertrug ihm gleichzeitig den Auftrag, ein Gulasch zu organisieren.

In Frankfurt hatte die Nachkriegszeit begonnen.

Hessisches Kulturgut (3): Schuppen

Gerne gering geschätzt, oft gar nicht wahrgenommen wird der für die Architektur in Hessen typische Schuppen. Dabei handelt es sich um ein Gebäude mit manchmal rechteckigem, oft schiefwinkligem Grundriss, das in der Regel mit einem Pultdach, seltener mit einem Satteldach versehen ist. Die Fassade ist typischerweise gegliedert durch eine Tür, die angebracht wird, wo gerade Platz ist, seltener durch ein bis zwei Fenster. Als Baumaterial eignet sich alles, was anderswo übrig ist. Früher war der Schuppen Bestandteil jedes Hauses und wurde zur Aufbewahrung von allem benutzt, was nicht mehr gebraucht wurde, „aber noch gut ist" (und auch

Ein prachtvoller Schuppen mit Satteldach in Hofheim-Wallau

nicht für den Bau des Schuppens verwendet wurde). Insofern dient ein Schuppen auch der Repräsentation, da seine Größe anzeigt, was man alles besitzt, aber nicht wirklich braucht.

Heute hat der hessische Schuppen bereits Seltenheitswert, da er allzu oft ambitionierteren Bauvorhaben („Hier entsteht in einem alten Bauerngarten ein modernes Vier-Familienhaus mit Carports") im Wege steht. Seitens des Denkmalschutzes sind die Möglichkeiten begrenzt, da Schuppen fast ausnahmslos nicht in den Grundbüchern verzeichnet sind.

Es ist mit dem Witz wie mit der Musik,
je mehr man hört, desto feinere Verhältnisse verlangt man.
Georg Christoph Lichtenberg

Der Hesse und der Humor

In der oberhessischen Kleinstadt Schlitz erzählt man auch heute noch gerne und häufig die Geschichte, wie Graf Emil von Schlitz genannt zu Görtz und seine Gemahlin den zur jährlichen Auerhahnjagd angereisten Kaiser Wilhelm II. am eigens zu diesem Zweck errichteten Kaiserbahnhof von Schlitz empfingen. Die Gräfin – die nicht nur atemberaubend schön gewesen sein soll, sondern dank ihrer portugiesischen Herkunft auch den spektakulären Namen Sophia de Villeneuve Cavalcanti d'Albuquerque trug – begrüßte dabei den Kaiser mit den bedeutungsschwangeren Worten „Willkommen in meinem schönen Schlitz".

Nun ja, in einem Ort, der so heißt, musste das irgendwann passieren, könnte man sich denken, und das Histörchen unter der Rubrik „lokale Anekdoten" ablegen. Dabei würde man allerdings übersehen, dass anhand dieser Geschichte das Verhältnis des Hessen zum Humor wie auch zur Revolution bestens beschrieben werden kann.

Die Datierung der Geschichte ist nicht ganz eindeutig. Und bisweilen wird sie erweitert durch Andeutungen, denen zufolge Wilhelm die Worte der Gräfin wörtlich verstanden haben will, was konsequenterweise neun Monate später zur Geburt eines Kindes und zu allerlei Bestürzung in der gräflichen Familie geführt habe, da die roten Haare des kleinen Grafen allzu deutlich auf den Kaiser verwiesen. Das letzte Kind der Gräfin wurde allerdings bereits 1885 geboren, die Besuche des Kaisers bei der Auerhahnjagd sind dagegen erst nach 1890 belegt, der Bahnhof wurde sogar erst 1891 eröffnet. Lässt man derart haarspalterische Fragen sowie die durch nichts belegte Vaterschaft Wilhelms einmal außer Acht, muss man die Geschichte also grob ins Ende des 19. Jahrhunderts datieren – wobei nicht auszuschließen ist, dass das Wortspiel selbst noch älter ist.

Die Humoreske wird also seit ungefähr 120 Jahren erzählt und seit sechs Generationen unverdrossen an Kinder und Enkelkinder weitergegeben.

Was der Hesse einmal als humorvoll und lustig erkannt hat, das lässt er nicht mehr los, das wird gehegt und gepflegt, als handle es sich um ein wertvolles Familienerbstück, das mit den Jahren immer kostbarer wird. Ab und an muss man halt den Staub herausschütteln und den Witz ein wenig aufpolstern. Gelacht wird daher seit Jahrhunderten unverdrossen über Sprüche wie:

> *Unser Schoppe unerreischd,*
> *zwaa gesoffe, vier geseischd.*

Wobei sowohl die nähere Bezeichnung des Getränks als auch die entsprechenden Mengenangaben regionalen und persönlichen Anpassungen unterworfen sind.

Das schließt natürlich nicht aus, dass es ab und zu neue Scherze, Satiren und Sottisen gibt. Aber die haben es ähnlich schwer wie neue Gerichte auf dem heimischen Mittagstisch, so dass es mindestens eine Revolution braucht, um den Hessen mit neuen humoristischen Konzepten vertraut zu machen.

Und man kann beim besten Willen nicht behaupten, dass der Hesse ein geborener Aufrührer ist. Zwar kommt eine Revolution seinen Neigungen zu stundenlangem sinnlosem Geschwätz, großsprecherischen Reden und einer gepflegten Empörung durchaus entgegen, andererseits ist sie per se auf Veränderung, Umsturz und Neubeginn angelegt, was wiederum dem typisch hessischen Wunsch nach Beständigkeit, Dauerhaftigkeit, ja Unabänderlichkeit, in die man sich fügen kann, arg zuwiderläuft. Georg Büchner, der einem immer als erster einfällt, wenn es um hessische Revolutionäre geht, musste schmerzhaft erkennen, dass die gleichen Mitbürger, die eben noch laut in seinen Ruf nach Demokratie und Gerechtigkeit – *Friede den Hütten! Krieg den Palästen!* – eingestimmt hatten, im Schutz der Dunkelheit die entsprechende Flugschrift den zuständigen Behörden übergaben. Mit der Revolution hat es daher 1834 nicht geklappt, aber Büchner konnte – auch wenn sich der Erfolg erst Jahrzehnte später einstellte, als der Autor längst tot war – mit *Leonce und Lena* wenigstens das Lustspiel revolutionieren.

Auch Friedrich Stoltze musste die leidvolle Erfahrung machen, wie schwierig es ist, den Hessen – in seinem Fall vor allem den Frankfurter – für etwas Neues zu begeistern. Er selbst hatte sich für die Ideale der Revolution von 1848 engagiert. Nach deren Scheitern verlegte er sich auf die Satire und gab von 1852 bis 1891 zunächst die *Frankfurter*

Krebbel- und Warme Broedscher Zeitung, später die *Frankfurter Latern* heraus. Von der Frankfurter Feuerwehr bis zur preußischen Politik entging nichts seinem Spott. Sechs Jahre lang konnte er Frankfurt nicht verlassen, da er aufgrund eines Offenbacher Haftbefehls in allen umliegenden Staaten steckbrieflich gesucht wurde, und als Preußen 1866 die Freie Stadt Frankfurt besetzte, musste er gar in die Schweiz fliehen. Von seinem umfangreichen Werk sind dem Frankfurter heute aber nur noch zwei Zeilen in Erinnerung, die bei jeder sich bietenden Gelegenheit aufgesagt werden und die deshalb hier nicht wiederholt werden sollen.[13]

---

[13] Es handelt sich um den berühmten Stoßseufzer, mit dem Stoltze seinem Unverständnis darüber Ausdruck verleiht, dass es möglich ist, in anderen Städten als der Heimatstadt des Dichters geboren und aufgewachsen zu sein.

GROSSMUTTER: …*Und wie's wieder auf die Erde*
wollt, war die Erde ein umgestürzter Haufen.
Und es war ganz allein, und da hat sich's hingesetzt und
geweint, und da sitzt es noch und is ganz allein.
Georg Büchner, Woyzeck

Die Hessen und die Wahrheit über Rotkäppchen

Es waren einmal zwei Brüder. Genaugenommen waren es eigentlich neun Geschwister, aber drei starben früh und vier andere lebten glücklich und in Frieden bis an ihr Lebensende, so dass es nichts Interessantes über sie zu erzählen gibt. Als auch der Vater starb, weinte die Mutter gar bitterlich, dann rief sie ihre beiden ältesten Söhne zu sich und sprach: „Ihr seid nun alt genug, darum müsst ihr ausziehen in die Fremde, um euer Glück zu machen. Denn ich bin eine arme Witwe und habe kaum das tägliche Brot, um eure Geschwister zu ernähren. Bleibt nur schön artig und fromm, denn wehe euch, wenn mir zu Ohren kommt, dass einer von euch ein Mädchen unglücklich gemacht hat. Dann setzt es was!" Da weinten auch die beiden Brüder, und es war ein Geheule und Geflenne bis der Morgen graute. Dann packten die beiden ihr Ränzlein und zogen hinaus in die weite Welt.

Es stellte sich allerdings schnell heraus, dass „die Fremde" gar nicht so weit entfernt war, denn die Mutter hatte sie nur zu ihrer Tante geschickt, die in Kassel wohnte. Das ist zwar von Steinau, wo die beiden herkamen, 150 Kilometer entfernt, was für einen Hessen schon eine ordentliche Distanz ist, aber andererseits können wir getrost annehmen, dass die beiden nicht zu Fuß gehen mussten. Auch 1798 gab es bereits Postkutschen und die Familie war keineswegs so arm, wie ihre Mutter es dargestellt hatte. Immerhin reichte es, um den beiden Brüdern Gymnasium und Jurastudium zu finanzieren.

Die Jahre gingen ins Land und die beiden Brüder blieben nach dem Wunsch der Mutter so artig und fromm, wie man das als Student nur sein kann. Jedenfalls ist nichts davon bekannt, dass sie übermäßig über die Stränge schlugen oder viel Zeit in Kneipen oder auch nur an der frischen Luft verbracht hätten. Im Gegenteil, sie verbrachten ihre Tage lieber in Bibliotheken und waren eine Freude für ihre Professoren. Das Jurastudium hängten sie jedoch alsbald an den Nagel und beschäftigten sich fortan ausschließlich mit Wörtern und Sprachen, Geschichten und Büchern. Sicher, es war die Zeit des beginnenden Biedermeier, man zog sich gerne ins private Idyll zurück, und wenn ein Beruf als typisch für diese Epoche gelten kann, dann der des etwas angestaubten Privatgelehrten – aber Jacob und Wilhelm Grimm mussten selbst bei ihren Zeitgenossen als ein wenig wunderlich gegolten haben.

Zu ihren bevorzugten Interessen gehörte neben altdeutschem Meistersang und nordischen Heldenliedern die Grammatik, der sich insbesondere Jacob verschrieben hatte. Zu seinen wichtigsten Erkenntnissen auf diesem Gebiet gehört die Gesetzmäßigkeit der Lautverschiebung bei der Entwicklung von Sprachen. In Philologenkreisen wurde diese Entdeckung als bahnbrechend gefeiert – im englischen Sprachraum ist sie noch heute als *Grimm's Law* bekannt – jedoch führt kein Weg an der Erkenntnis vor-

bei, dass es selbst in der Biedermeierzeit aufregendere For-
schungsgebiete gab.

Auch privat sorgten die beiden Brüder für das eine oder
andere Kopfschütteln: Seit ihrem Studium an der Phi-
lipps-Universität in Marburg lebten sie zusammen in einer
Wohnung. Für eine Weile führte ihre Schwester Lotte
ihnen den Haushalt, aber zum Schrecken des Brüderpaares
heiratete sie 1822 und zog es fortan vor, mit ihrem Gatten
zusammenzuleben. Wilhelm und Jacob waren zu diesem
Zeitpunkt 36 und 37 Jahre alt und es scheint, als sei ihnen
der Gedanke an eheliche Beziehungen erst jetzt, angesichts
der vakanten Haushaltsführung, gekommen. In dieser
schwierigen Situation übernahm Wilhelm die Initiative,
zumal er bereits über gewisse Erfahrungen mit dem anderen Geschlecht verfügte: Neun Jahre zuvor hatte er beim
Sammeln von Märchen Jenny von Droste-Hülshoff – die
Schwester der Dichterin Annette von Droste-Hülshoff –
kennengelernt und eine langjährige Brieffreundschaft mit
ihr begonnen. Es ist nicht ganz klar, wie weit diese Beziehung ging, aber es gab wohl zarte Anzeichen unerfüllter
Liebe. Mit diesem Erfahrungsschatz ging Wilhelm auf
Brautschau und es dauerte keine drei Jahre, bis auch er heiratete: eine gewisse Henrietta Dorothea Wild. Die Hochzeit wurde von den Brüdern allerdings nicht als Grund
gesehen, den gemeinsamen Haushalt aufzugeben. Die beiden wohnten auch weiterhin zusammen, und Henrietta
führte selbstverständlich den gemeinsamen Haushalt.[14]

Hätten Jacob und Wilhelm Grimm nicht 1812 die *Kin-
der- und Hausmärchen* herausgebracht, sie wären vermutlich als die verschrobensten Gelehrten in die Geschichte
eingegangen, die Hessen je hervorgebracht hat. Viel Auf-

sehen erregte zwar auch ihre liberale Haltung in der Vor-
märzzeit, insbesondere ihre Unterschrift unter den Pro-
test der *Göttinger Sieben* gegen die Aufhebung der Verfas-
sung im Königreich Hannover, die den Verlust ihrer
Göttinger Professuren zur Folge hatte. Aber auch das
wäre ohne die Märchensammlung vermutlich in Vergessenheit geraten.

Es dauerte ein bisschen, aber Grimms *Kinder- und Hausmärchen* wurden ein fulminanter Erfolg, bis heute. Das
ist nicht verwunderlich, denn es war für jeden etwas
dabei: Die zeitgenössischen Schriftsteller und Literatur-
wissenschaftler waren begeistert, da hier ein, wie man
sagte, literarischer Schatz gehoben wurde, der zudem
perfekt in die frühromantische Stimmung passte. Selbst
Dichterfürst Goethe äußerte sich anerkennend, und die
Brentanos nahmen für sich in Anspruch, überhaupt erst
den Anstoß für die Märchensammlung gegeben zu
haben. Auch aus dem biedermeierlichen Familienleben
war das Werk nicht wegzudenken. Wer abends Unterhaltung in der Stube haben wollte, musste selbst dafür sorgen. Insbesondere unmusikalischen Familien blieb da zur
familiären Erbauung nur das Vorlesen. Und wenn Kinder
mit am Ofen saßen, waren Märchen ein beliebter Lese-
stoff, da man die Kleinen so in behaglicher Atmosphäre
mit den Schrecken des Lebens vertraut machen konnte:
gefräßige Wölfe, niederträchtige Hexen und böse Stief-
mütter.

Der Mythos zur Entstehung der Sammlung wurde in den
Kinder- und Hausmärchen gleich mitgeliefert. Im Vorwort
zum ersten Band schreiben die Grimms:

Alles ist mit wenigen bemerkten Ausnahmen fast nur in
Hessen und den Main- und Kinziggegenden in der Graf-
schaft Hanau, wo wir her sind, nach mündlicher Überlie-
ferung gesammelt.[15]

Und im Vorwort zum 1815 erschienenen zweiten Band
werden sie sogar noch deutlicher:

Einer jener guten Zufälle aber war die Bekanntschaft mit
einer Bäuerin aus dem nah bei Cassel gelegenen Dorfe
Zwehrn, durch welche wir einen ansehnlichen Theil der
hier mitgetheilten, darum ächt hessischen, Märchen [...]
haben.[16]

So haben wir uns das immer vorgestellt: Die Brüder Grimm,
einträchtig mit Notizbüchern auf Melkschemeln hockend
und einem alten, runzligen Weiblein lauschend, das mit
zahnlosem Munde uralte, hessische, seit Generationen im
gleichen Wortlaut überlieferte Märchen von Aschenputtel,
Dornröschen und Schneewittchen murmelt, während es mit
gichtkrummen Fingern Wolle spinnt, eine Ziege melkt,
Flachs hechelt oder irgendeiner anderen archaischen Tätig-
keit aus dem bäuerlichen Umfeld nachgeht.

Quasi nichts davon ist wahr. Einen großen Teil ihrer Märchen hörten die Grimm-Brüder von Dorothea Viehmann,
der erwähnten angeblichen Bäuerin aus Zwehren. Tatsächlich aber war die Dame Schneiderin, dabei durchaus gebil-
det und hatte französische Vorfahren, von denen sie einen
Großteil ihrer Geschichten übernommen hatte.[17] Auch
eine zweite Lieferantin für Märchen, Marie Hassenpflug,
hatte wenig Ähnlichkeit mit einer alten hessischen Bauers-

frau: Sie war zwanzig, als sie die Grimms kennenlernte, Tochter eines späteren Regierungspräsidenten, und sprach zu Hause vorwiegend Französisch.

Was uns zu einer erschütternden Erkenntnis bringt: Rotkäppchen ist Französin. Man hätte es ahnen können, denn wer sonst würde eine kranke Großmutter mit einer „Bouteille Wein" wieder aufpäppeln wollen, wo die Hessin ihr eher einen Handkäs und einen Schoppen Apfelwein, allenfalls eine Aale Worscht ins Körbchen gepackt hätte. Es kommt sogar noch schockierender: In der ursprünglichen französischen Fassung legt sich das arglose Rotkäppchen gar zum „Wolf" ins Bett, bevor es „gefressen" wird. Derart unverblümt erotische Anspielungen wurden von den Grimms umgehend getilgt, noch bevor das Rotkäppchen seinen Weg in die erste Auflage fand. Aber auch diese Ausgabe war vielen Lesern noch zu anspielungsreich und delikat. Das „Französische" stünde zu sehr im Vordergrund, sagte man, was auch immer das heißen mochte. In den folgenden Ausgaben überarbeiteten die Grimms daher die Kinder- und Hausmärchen immer wieder. Ganze Märchen wurden gestrichen, neue hinzugefügt, andere zusammengelegt – was auch die Arbeitsweise der Brüder zeigt, denen es weniger auf Originaltreue ankam, als auf Einheitlichkeit, Lesbarkeit und, ja auch das, pädagogischen Nutzen. Getilgt wurde dabei auch alles, was das damals entstehende bürgerliche Familienideal zu sehr stören konnte: Böse Mütter, die es ja auch geben soll, wurden so ausnahmslos zu bösen Stiefmüttern.

Grausamkeit gegenüber Kindern stand dagegen nicht auf dem Index der Brüder, wie das Beispiel des heute wenig bekannten Märchens *Das undankbare Kind* zeigt, das erst 1837, also offenbar nach reiflicher Überlegung, in die Sammlung aufgenommen wurde. Darin geht es um ein Kind, das „nicht that, was seine Mutter haben wollte", so dass „der liebe Gott kein Wohlgefallen an ihm" hatte und es folglich „in kurzem auf dem Todtenbettchen lag"[18]. Aber damit nicht genug: Da es sich, eigensinnig wie es nun einmal war, immer wieder aus dem Grab erhob, musste es von der Mutter mit einer Rute dorthin zurückgeschlagen werden, bis es endlich Ruhe gab. Man möchte nicht wissen, für wie viele frühkindliche Traumata dieses kurze Märchen verantwortlich war. Jedenfalls war es nie in Gefahr, in die engere Auswahl für einen Walt-Disney-Film zu geraten.

Nach den Märchen veröffentlichten die Brüder Grimm noch eine Sammlung deutscher Sagen, die jedoch niemand so recht lesen mochte. Im Jahr 1838 begannen sie wieder mit dem Sammeln, aber diesmal ging es nicht um Geschichten, sondern um Wörter. Ihr Ziel war ein Deutsches Wörterbuch, das alle Wörter der deutschen Sprache bezüglich Herkunft und Gebrauch beschreiben sollte, angefangen bei A:

> *A, der edelste, ursprünglichste aller laute, aus brust und kehle voll erschallend, den das kind zuerst und am leichtesten hervor bringen lernt, den mit recht die alphabete der meisten sprachen an ihre spitze stellen.*[19]

Eine solche Aufgabe hatte sich noch niemand vorgenommen, und die Brüder widmeten sich dieser Arbeit für die nächsten zwanzig Jahre. Selbst nach dieser langen Zeit war der Buchstabe Z noch in weiter Ferne. Man kann sich die Freude kaum ausmalen, die im Hause Grimm geherrscht haben muss, wenn einer der beiden nach Hause kam und ein neues Wort gefunden hatte, zum Beispiel das schöne Wort Bieramsel, das sie wie folgt beschreiben:

BIERAMSEL, f. potator, zechbruder: darnach sollte etwa eine volle bieramsel aus eim kruge daher laufen. LUTHER 5, 493a; krebser, böttner, angelfischer, halbbeseichte bieramseln, scherenschleifer. FISCHART groszm. 94; ein bieramsel oder weindrossel, wird rasend, taub, blind, stammert, und ist nicht ein glied an seinem leibe, das er recht brauchen kann. EIBENIUS fastnachtgespräch. Erfurt 1582. s. bierfinke, bierholer.[20]

Man fragt sich, ob die beiden mit dieser Arbeit begonnen hätten, wenn sie geahnt hätten, welch gewaltige Mammutaufgabe damit verbunden war. Bei der Sammlung gingen sie streng alphabetisch vor, auch wenn sie sich sicher schon darauf freuten, so schöne, aber noch in weiter Ferne liegende Wörter wie „Zechbruder", „Zippammer" oder „zweieinig" zu beschreiben. Als Wilhelm Grimm 1859 starb, war er beim Buchstaben D angelangt. Sein Bruder Jacob starb vier Jahre später über der Bearbeitung des Artikels „Frucht", genauer gesagt bei der Beschreibung der Pluralbildung dieses Wortes.

Die Arbeit am Wörterbuch wurde erst 1961, nach 123 Jahren abgeschlossen. Bis dahin war das Werk auf 32 Bände, 67.744 Textspalten und ca. 320.000 Einträge angewachsen. Nach Abschluss der Arbeiten begann man umgehend mit einer Neubearbeitung der Buchstaben A bis F.

Und wenn sie nicht gestorben sind …

[14] Aus der Ehe gingen sogar Kinder hervor: Hermann Grimm, der Sohn von Wilhelm und Dorothea, wurde insbesondere dadurch bekannt, dass er als Erster Lichtbilder bei kunsthistorischen Vorträgen einsetzte.

[15] Jacob und Wilhelm Grimm, Kinder- und Hausmärchen, Berlin 1812, S. VII.

[16] Jacob und Wilhelm Grimm, Kinder- und Hausmärchen, Zweiter Band, Berlin 1815, S. IV.

[17] Die Knallhütte in Baunatal-Rengershausen, das Gast- und Brauhaus von Dorothea Viehmanns Vater, in dem sie viele ihrer Märchen gehört haben will, kann man heute bequem im Vorbeifahren von der nahegelegenen Autobahn aus besichtigen.

[18] Das Undankbare Kind, in: Jacob und Wilhelm Grimm, Kinder- und Hausmärchen, Göttingen 1837.

[19] Jacob und Wilhelm Grimm, Deutsches Wörterbuch, Art. A. Bd. 1, Sp. 1, Leipzig 1854.

[20] ebd., Art. Bieramsel. Bd. 1, Sp. 1823, Leipzig 1854.

*Es waren einmal ein Mäuschen, ein Vögelchen und
eine Bratwurst in Gesellschaft gerathen, hatten einen
Haushalt geführt, lange wohl und köstlich im Frieden
gelebt, und trefflich an Gütern zugenommen.*
Brüder Grimm, Von dem Mäuschen,
dem Vögelchen und der Bratwurst, 1837

Der Hesse und der Onkel Schah

Als Kind hegte ich erstaunlich lange die Überzeugung,
ein entfernter Onkel von mir sei Herrscher von Per-
sien oder wenigstens etwas Vergleichbares. Das war
insofern verwirrend, als mein Onkel Schah ein zurückhalten-
der alter Herr war, der bescheiden in einer niedrigen Wohnung in einem oberhessischen Fachwerkhäuschen wohnte
und sich vorwiegend der Familienforschung hingab. Es dauerte eine Weile, bis man mir erklärte, dass der Onkel in Wirklichkeit nicht Schah, sondern Jean hieße, was daher käme,
dass er von den Hugenotten abstamme. Das muss in den
Siebziger Jahren gewesen sein, und soweit ich mich erinnere,
schwang in der Information ein Unterton mit, der darauf hin-
wies, dass hier jemand anders war. Vielleicht nicht besser oder
schlechter, aber anders. Ein Franzose. Ausgerüstet mit dieser
Information, schaute ich ein wenig genauer hin, konnte aber
keinen wesentlichen Unterschied zu anderen Onkeln finden,
mal abgesehen davon, dass der Onkel Schah auch einen französischen Nachnamen hatte, der selbstverständlich ebenso
wie der Vorname von jedem ausschließlich hessisch ausgesprochen wurde. Außerdem besaß er mehr Bücher als andere
Verwandte und verbrachte viel Zeit vor der Schreibmaschine.

Nach Hessen kamen die Hugenotten gegen Ende des 17. Jahrhunderts, nachdem Ludwig XIV. mit dem Edikt von Fontainebleau den französischen Protestanten alle politischen und religiösen Rechte entzogen hatte. Die protestantischen Landesherren in Hessen ließen sich diese Gelegenheit nicht entgehen, denn französische Calvinisten hatten den Ruf, voller Ideen, Fleiß und handwerklichem Können zu stecken, während die einheimische Bevölkerung in Hessen nach wie vor die Schrecken des Dreißigjährigen Krieges bejammerte und nicht hinter dem Ofen hervorkam. Überall in Hessen entstanden neue Städte und Dörfer, in denen Hugenotten angesiedelt wurden, u. a. Bad Karlshafen, Friedrichsdorf und Neu-Isenburg.

Soweit die Fakten, denn über die Integration der Hugenotten in die hessische Gesellschaft ist in den letzten 300 Jahren viel Unfug geredet worden, vor allem in Festansprachen, Grußworten und Eröffnungsreden zu jedem beliebigen Anlass, der mit den französischen Flüchtlingen in irgendeiner Verbindung stand. Glaubt man diesen Reden, dann konnten sich die Flüchtlinge in kürzester Zeit integrieren, ja assimilieren und stellten dank ihres mustergültigen Fleißes sogar noch ein Vorbild für den Hessen dar. Gerne wird in diesem Zusammenhang ein mahnender Zeigefinger in Richtung heutiger Migranten erhoben, sich doch bitte in ähnlicher Weise unkompliziert und unverzüglich in ein glückliches Hessen einzugliedern.[21]

Die Integration der Hugenotten verlief natürlich keineswegs problemlos, zumal sie auch überhaupt nicht beabsichtigt war. Zumindest in den ersten Jahren, wenn nicht Jahrzehnten, blieben die ‚Exulanten‘, wie sie amtlicherseits genannt wurden, weitgehend unter sich in den ja eigens zu diesem Zweck neugegründeten Dörfern und Städten. Sie hatten ihre eigenen Manufakturen, Schulen, Kirchen und Gepflogenheiten.

Eigene Gepflogenheiten hatten die Hessen auch, und dazu gehörte immer ein grundsätzliches Misstrauen gegenüber, nun ja, anderen – wobei die Andersartigkeit keineswegs auf die Herkunft aus einem anderen Land beschränkt ist. Schon wer aus dem Nachbardorf kommt, muss es sich gefallen lassen, mit einer kritischen Mischung aus Argwohn und Skepsis betrachtet zu werden. Bisweilen geht die Spaltung sogar durch die gleiche Gemeinde: Eine Ethnologin hat sich kürzlich zu Feldforschungen in ein (nicht näher benanntes) hessisches Dorf begeben, dessen Bevölkerung seit über hundert Jahren in zwei Gruppen gespalten ist, wobei sich die Zugehörigkeit über die Mitgliedschaft in einem von zwei Männergesangsvereinen definiert. In den Vereinen werden Heiraten vermittelt, Geschäfte getätigt, Politik gemacht und Arbeitsplätze vergeben. Dabei kommt es kaum zu offenen Feindseligkeiten zwischen den beiden Gruppen, man besucht sich sogar bisweilen gegenseitig bei Geselligkeiten wie den jährlichen Maskenbällen. Die Freiwillige Feuerwehr, deren Mitglieder dem einen Verein angehören, würde auch bei Mitgliedern des anderen Vereins löschen und man kauft sogar in den Läden der anderen ein, wenn es sich nicht vermeiden lässt. Aber eine Mitgliedschaft in beiden Vereinen wäre undenkbar, vom Heiraten zwischen Angehörigen unterschiedlicher Gesangsvereine ganz zu schweigen.[22] Kurz gesagt, der Hesse respektiert durchaus, dass nicht alle Menschen in Hessen leben können, und dass man in anderen (Welt-)

Gegenden durchaus andere Mahlzeiten zu sich zu nehmen pflegt, andere Fußballvereine unterstützt und auch sonst andere Sitten und Bräuche hat: „De Herrgodd had en große Zoo, un die Mensche sinn all annners." Rückt man ihm aber mit etwas Unbekanntem zu Leibe, dann erwacht sein Misstrauen und er reagiert mit der ihm eigenen, rauen und daher leicht falsch zu bewertenden Herzlichkeit, wie sie zum Beispiel in dem oft missverstandenen Spruch „Ach geh´ doch fodd" zum Ausdruck kommt.

Das bringt uns zu einem weiteren Missverständnis, nämlich dem Beitrag der Hugenotten zur hessischen Kultur: Ab und an wird vorsichtig die Theorie geäußert, dass die *Grüne Soße* vielleicht und eventuell auf die französische Sauce Verte zurückgehen könne, aber der Hesse glaubt lieber, entgegen aller Wahrscheinlichkeit, dass seine Leibspeise von Goethes Mutter erfunden wurde (die in ihrem Leben weiß Gott Besseres zu tun hatte, als Petersilie zu hacken). Dabei war es tatsächlich nicht nur die Grüne Soße, die die Hugenotten mitbrachten, sondern auch der Spargel und anderes Gemüse, Salat, Truthahn und Zwieback sowie die meisten damit zusammenhängenden Rezepte, die heute als typisch hessisch gelten. Außerdem waren sie maßgeblich an der Verbreitung von Hüten und Strümpfen, Wolldecken sowie Zahnbürsten und anderen Objekten der täglichen Hygiene beteiligt. Und dass es mit dem „Märchenland Hessen" ohne französische Beiträge nicht weit her wäre, wurde bereits erwähnt. Inwieweit sich die Hoffnung der hessischen Landgrafen erfüllt hat, die Ansiedlung der Franzosen möge bei den Hessen zu mehr Höflichkeit, Freundlichkeit und verfeinerten Sitten führen, muss dagegen dahingestellt bleiben.

Auch wenn er es nicht wahrhaben will, der Hesse hat – trotz allem Misstrauen und aller hartschaligen Herzlichkeit, hinter der er sich zuweilen verschanzt – mehr von den Franzosen übernommen, als er glaubt. Wie sollte es auch anders sein, denn Jahrhunderte lang ging der Franzose in Hessen ein und aus, sei es als hugenottischer Flüchtling oder als Teil irgendeiner französischen Besatzung, die bis zum Beginn des 19. Jahrhunderts beinahe immer vorkommen konnte und irgendwann von der Bevölkerung kaum mehr als Störung des täglichen Lebens wahrgenommen wurde. Und als die französischen Truppen wieder weg waren und die Hugenotten so weit integriert, dass man schöne Reden darüber halten konnte, da schob der Hesse sich das Schawwellsche unter die Füße, zählte das Geld im Portemonnaie, öffnete eine Bouteille Wein zur Grünen Soße und gab sich der Überzeugung hin, dass alles so war wie vorher ...

Aber wenigstens eines muss man ihm lassen: Den Apfelwein, den hat er ganz alleine erfunden.

---

[21] Vgl. Johanna Rolshoven, Die guten Wilden im rauhen Hessen. Das Beispiel der Hugenotten, in: Hans Eichel (Hg.), Mir Fremd, doch nah. Vom Miteinander in Hessen, Frankfurt am Main, 1993.

[22] Vgl. Gertrud Hüwelmeier, Hundert Jahre Sängerkrieg. Ethnographie eines Dorfes in Hessen, Berlin 1997

Hessisches Kulturgut (4): Höflichkeit

Über eine Brücke in Südhessen erzählt man die Geschichte, dass es dort seit jeher und immer wieder „dreimal geheimnisvoll geniest" habe, was jedoch stets mit der ortsüblichen Mischung aus Empörung und Entsetzen ignoriert worden sei. Erst als jemand – der vermutlich gar nicht aus Hessen war – dreimal „Gesundheit" wünschte, erschien ein Männlein, das behauptete, seit dreihundert Jahren zum unsichtbaren Niesen an der Brücke verdammt gewesen zu sein, nun aber, da jemand dreimal „Gesundheit" gesagt habe, erlöst sei und jetzt natürlich einen gehörigen Durst habe. Es sei außerdem bestimmt, dass derjenige, der das Männlein rette, es nun den ganzen Tag mit Getränken sowie einem ordentlichen Teller Schinkensolber mit Kraut zu versorgen habe. Folge er dem nicht, so habe er das gleiche Schicksal zu erleiden und müsse selbst unter der Brücke niesen, bis ihn jemand erlöse. Der Mann sah wohl, dass er nun der Dumme war, aber es blieb ihm nichts anderes übrig, als das Männlein bis spät in die Nacht mit Apfelwein und warmen Mahlzeiten zu bewirten.

Sie schreiben, dass ich ein Zauberer sei, und
haben also nicht genug an den sonst gewöhnlichen
Ehrentiteln: Fanaticus, Enthusiast und Schwärmer.
Johann Konrad Dippel

Der Hesse und sein Monster

Wolkenfetzen treiben düster vor einem bleichen Vollmond. In der Ferne heult ein Hund. Eine Straßenlaterne wirft bleifarbenes Licht auf das kleine, mit Asbestschindeln verkleidete Haus am Rande des Dorfes.

Der Kellerraum des Hauses wird von einer einzelnen, schwachen Glühbirne erleuchtet. Die Decke des Raums ist so niedrig, dass der hagere Mann mit dem grauen Kittel nur gebückt stehen kann. Neben Einmachgläsern mit grauen Gurken und bräunlichen Erdbeeren krächzt ein kleines Transistorradio heiser vor sich hin. Die Wildecker Herzbuben. Aber ganz leise.

Auf einem geblümten Wachstischtuch liegt ein großer Schwartenmagen, in den der hagere Mann gerade blanke Kabelenden steckt. Das andere Ende des Kabels ist mit einer Autobatterie verbunden. Er tritt einen Schritt zurück, wobei er aufpasst, dass er sich den Kopf nicht an einem der Rohre stößt, die unter der Decke quer durch den Raum verlaufen, und betrachtet voller Erwartung sein Werk.

Von der Tür hört man schlurfende Schritte, in den Augen des Mannes blitzt Angst auf. Die Tür wird aufgestoßen.

„Vikdor, isch such disch übäall. Wo bisde dann die ganz Zeid?" Vergeblich versucht der Mann der Frau, die gerade eben den Keller betreten hat, den Blick auf die verkabelte Wurst zu verstellen.

„Des kannst du ned …", beginnt er, aber die Frau schiebt ihn beiseite. „Was machsd dann du da mit dem Schwadde-maache?", keift die Frau. „Unn jedz sach ned, dass du des Kabel vom meinä Frisierhaub abgeschnidde hast. Vikdor, isch hab dir gesachd, was isch von deine Experimende hald. Unn jedz komm endlisch enuff, des Esse werd kald. Isch hab Toosd Hawwai gemacht."

Frankenstein war Hesse. Genauer gesagt, soll das Vorbild für den Schöpfer des Monsters aus Mary Shelleys Roman *Frankenstein oder Der Moderne Prometheus* Hesse gewesen sein – jedenfalls wenn man einigen südhessischen Lokal-historikern Glauben schenken möchte. Die auf den ersten Blick bizarre und eigenwillige Theorie, dass ein Hesse auch nur auf den Gedanken kommen könnte, zusammenge-nähte Leichenteile mittels eines kräftigen Stromstoßes zum Leben zu erwecken, während der Herbstwind an den Fensterläden rüttelt und dramatische Orgelmusik ertönt, entbehrt tatsächlich nicht einer gewissen Grundlage.

Am 10. August 1673 wurde auf Burg Frankenstein an der Bergstraße der Pfarrerssohn Johann Konrad Dippel gebo-ren. Die hessische Bergstraße war damals noch nicht die idyllische Abfolge von Radwegen, Fachwerkaltstädten und Gewerbegebieten, als die sie sich heute präsentiert, son-dern Durch- und Rückzugsgebiet marodierender französi-scher Horden, die sich seit Ende des Dreißigjährigen Krieges beharrlich weigerten, nach Hause zurückzukehren. Dippels Mutter war daher zur Geburt ihres Sohnes auf die sichere Burg geflüchtet. Der kleine Johann besuchte das Pädagog in Darmstadt, wobei er noch keinerlei Neigungen zur Erweckung unbelebter Materie erkennen ließ, und studierte dann Philosophie, Theologie und Medizin in Gießen und Straßburg.

Während seiner Studienzeit entwickelte er zwei Leidenschaften, die sein Leben bestimmen und ihn in halb Europa bekannt machen sollten: Zum einen wurde er zu einem radikalen Pietisten. Noch zu Beginn seines Studiums hatte er diese mystisch-spiritualistische, man könnte auch sagen: frömmelnde Spielart des Protestantismus vehement abgelehnt. Wenig später erfreute er seine Mitmenschen mit kompromisslosen pietistischen Streitschriften, die so griffige Titel trugen wie *Die verkehrte Wahrheit und wahrhaftige Lüge der unbesonnenen und eifrigen Lutheraner. Eröffneter Weg zum Frieden mit Gott und mit allen Kreaturen* oder *Der von den Nebeln der Verwirrung gesäuberte helle Glanz des Evangelio Jesu Christi oder Entwurf der Heilsordnung in 153 Fragen.* Eine weniger frivole Lektüre ist kaum vorstellbar, aber Dippels Schriften waren ein Erfolg, auch über Hessen hinaus. Offenbar bestand ein immenser Bedarf an ebenso kompromissloser wie erbaulicher Literatur.

Nach seinem Studium bemühte er sich um eine Professur in Gießen und hielt es für eine gute Idee, dieses Vorhaben mit einer weiteren theologischen Streitschrift voranzubringen. Da er darin jedoch aus seiner Überzeugung keinen Hehl machte und eine radikale Abkehr des gottesfürchtigen Menschen von Staat und Kirche forderte, wurde seine Schrift konfisziert und verboten. Landgraf Ernst Ludwig von Hessen-Darmstadt war mehr als irritiert und mit der Professur war es vorbei.

Um einen Lebenswandel finanzieren zu können, der einem gottesfürchtigen Menschen zusteht – mittlerweile hatte Dippel aufgrund seines akuten Geldmangels wieder zu den Eltern nach Nieder-Ramstadt ziehen müssen –, beschäftigte er sich nun verstärkt mit einer zweiten Leidenschaft, der Alchemie. Die Verbindung aus radikaler Frömmigkeit mit dem Versuch, Gold herzustellen, mutet auf den ersten Blick eher kurios an. Tatsächlich war Dippel aber überzeugt, dass man durch die mystische Verschmelzung mit Gott sogar die Natur beeinflussen, Blei in Gold verwandeln und letztendlich Tote zum Leben erwecken konnte.

Die alchemistischen Tätigkeiten Dippels weckten erneut das Interesse von Landgraf Ernst Ludwig, allerdings anders, als man es erwarten würde.

Ernst Ludwig betrachtete sich als absoluten Herrscher, dem, unabhängig von der aktuellen Lage der Staatsfinanzen, eine angemessen maßlose Prachtentfaltung zustand, zu der neue Schlösser ebenso gehörten wie die Möglichkeit, jederzeit ohne Rücksicht auf eingesäte Felder und unzufriedenes Bauernvolk zur Jagd reiten zu können. Für Ebbe in der landgräflichen Kasse sorgte zudem der bedauerliche Umstand, dass Darmstadt und Umgebung, wie eingangs erwähnt, seit Jahren von französischen Marodeuren heimgesucht wurden und ein seit Jahrzehnten schwelender Erbschaftsstreit mit einem Cousin in Hessen-Kassel, bei dem es um die herrenlose Landgrafschaft Hessen-Marburg ging. Außerdem musste er seinen Hofkapellmeister Christoph Graupner finanzieren, der ein mehr als fürstliches Gehalt erhielt.

Ernst Ludwigs Lage war nicht ungewöhnlich, denn als hessischer Landgraf, Großherzog oder Fürstabt musste man eben einen Weg finden, die klammen Kassen immer wieder zu füllen, um auch in schlechten Zeiten einen neuen Palast bauen zu können oder anderweitig Geld zu verschwenden. Bei Ernst Ludwig paarte sich nun eine gewisse Leichtgläubigkeit mit einem vagen naturwissenschaftlichen Interesse, so dass er allen Ernstes die bizarre Hoffnung hegte, seine Finanzen mittels Alchemie zu sanieren. Sobald dies bekannt wurde, erhielt der Landgraf regelmäßig Besuch von äußerst redegewandten Herren, die ihm jeweils zu verstehen gaben, dass sie im Besitz großer Geheimnisse seien: Sie besäßen den Stein der Weisen, eine Universaltinktur oder ein „chemisches Geheimnis", und seien daher in der Lage, Gold herzustellen oder beliebig zu vermehren. Das einzige, was der Landgraf beisteuern müsse, sei die Finanzierung eines Laboratoriums, Kost und Logis für den Herren Alchimisten sowie die eine oder andere Zutat, die für das Gelingen der Experimente notwendig sei. Zu diesen erforderlichen Ingredienzen gehörten auch Gold und Silber, leider, aber davon bekäme der Landgraf ein Vielfaches zurück, er könne schon mal die Baupläne für ein neues Schloss anfertigen lassen. Der Landgraf war begeistert und engagierte einen Alchemisten nach dem anderen, die ihn jedoch allesamt nur noch ärmer machten und sich, sobald der Landgraf misstrauisch wurde, überraschend „in Luft auflösten", um wenig später in weit entfernten Gegenden ihrem obskuren Gewerbe nachzugehen.

Als der Landgraf erfuhr, dass auch Untertan Dippel in einem abgelegenen Ort im Odenwald mit Alchemie experimentierte, wurde er sofort hellhörig und versuchte ihn zu engagieren. Der pietistische Dippel glaubte tatsächlich, eine Substanz gefunden zu haben, mit der man Silber und Quecksilber in Gold verwandeln konnte. Doch dann zerbrach das Glas, die Tinktur war verloren, und Dippel versuchte drei Jahre vergeblich, sie wieder herzustellen. Als die Gläubiger seinen Beteuerungen keinen Glauben mehr schenkten, geschweige denn weitere Kredite bewilligten, floh er nach Berlin. Dort erfand er *Dippels Tieröl*, eine Substanz, die aus ausgekochten und destillierten Kadavern hergestellt wurde und unter anderem gegen Bandwürmer helfen sollte. Außerdem fand er heraus, dass man damit einen hübschen tiefblauen Farbstoff, das sogenannte *Berliner Blau*, erzeugen konnte. Für die Goldherstellung taugte das Öl allerdings nicht. Als man in Berlin einen anderen Alchemisten, den Neapolitaner Domenico Manuel Caetano, als Hochstapler entlarvte und an einem mit Gold verzierten Galgen aufhängte, flüchtete Dippel auch aus Preußen.

In den folgenden Jahrzehnten war Dippel viel unterwegs: In Leiden promovierte er in Medizin, in Utrecht praktizierte er als Arzt, in Altona wurden seine Schriften vom Scharfrichter verbrannt, auf Bornholm verbüßte er gar eine sechseinhalbjährige Haftstrafe. Und am schwedischen Königshof wollte man, dass er Gold herstellte und ansonsten seine Meinung möglichst für sich behielt, was er beides nicht zuwege brachte. Wohin es ihn auch verschlug, er predigte die Freiheit des Einzelnen, welcher allein Gott zu gehorchen habe, die Gleichheit aller Menschen, die Verantwortung gegenüber dem Nächsten und, zum Bedauern vieler, auch strengste Moralvorschriften. Diese revolutionären Ansichten mochte man auch in Lauenburg, Lüneburg, Celle und Hildesheim nicht dulden. Schließlich fand er beim Grafen von Wittgenstein, der selbst radikaler Pietist war, in Berleburg eine dauerhafte Zuflucht.[23]

Auch Landgraf Ernst Ludwig von Hessen-Darmstadt hatte die Hoffnung auf alchemistische Reichtümer noch nicht ganz aufgegeben und machte Dippel, nun da der pietistische Alchemist wieder in greifbarer Nähe war, ein Angebot, dass dieser eigentlich nicht hätte ablehnen können: sein „chemisches Geheimnis" gegen die Burg Frankenstein samt allen dazugehörigen Einkünften. Aber bevor man in konkrete Verhandlungen eintreten konnte, starb Dippel im April 1734 und nahm alle vermeintlichen Geheimnisse mit ins Grab nach Bad Laasphe.[24]

Bleibt die Frage, ob Dippel tatsächlich in irgendeiner Weise das Vorbild für Mary Shelleys Frankenstein gewesen sein kann.

Nichts weist bisher darauf hin, dass sich Dippel tatsächlich mit der Schöpfung künstlicher Menschen beschäftigt hätte, schon gar nicht auf Burg Frankenstein, auf die er offenbar als Erwachsener nie zurückgekehrt ist. Auch gibt es keinen Hinweis darauf, dass Mary Shelley die Burg je gesehen hat, auch wenn sie unterwegs nach Genf, wo sie 1816 *Frankenstein* schrieb, nachts in zwanzig Kilometer Entfernung über den Rhein daran vorbeigefahren sein soll. Dippels Schriften könnte Mary Shelley dagegen gekannt haben: Ihre Eltern gehörten zu den *Dissenters*, unter denen die Pamphlete des hessischen Agitators und Alchemisten kursierten und begeisterte Aufnahme fanden. Ob das aber ausreicht, um eine Verbindung zwischen Herrn Dippel aus Frankenstein und dem Shelleyschen *Frankenstein* herzustellen, sollen die Lokalhistoriker unter sich ausmachen.

Nach seinem Tod geriet Dippel allerdings nicht, wie man vermuten könnte, in völlige Vergessenheit. 1841 begegnen wir ihm, genauer gesagt seinen Schriften, in Georg Büchners Elternhaus. Wilhelm Büchner, Georgs Bruder, der dem revolutionären Familienspross 1834 zur Flucht verholfen hatte, indem er sich selbst anstelle seines Bruders verhaften ließ, begeisterte sich weniger für die Revolution als vielmehr für die Chemie. In Gießen hatte er bei Justus von Liebig (von dem noch die Rede sein wird) studiert und arbeitete nun im Garten seiner Eltern an einem einfachen Herstellungsverfahren für einen Ultramarinfarbstoff – angeregt durch die alchemistischen Studien von Johann Konrad Dippel. Dass seine Erfindung ihn reich machen würde, muss er geahnt haben, denn die erste, noch heiße Probe soll er seiner Mutter mit den Worten „Da haben wir die Million" auf den Mahagonitisch geknallt haben. Letztendlich hatte Dippels „chemisches Geheimnis" also doch noch jemandem zu Wohlstand verholfen.[25]

Viktor will noch etwas sagen. Dass er ein Ziel hat, dass ihn keiner versteht, dass er etwas Großes erschaffen, dass die Welt noch von ihm reden wird.

Aber dann folgt er wortlos seiner Frau, löscht das Licht im Keller und schließt die Tür.

Nur die bräunlichen Erdbeeren und die grauen Gurken in ihren Einmachgläsern sind Zeugen, als der noch immer verkabelte Schwartenmagen plötzlich in blaue Funken gehüllt ist. Dann geht plötzlich ein Zucken durch die Wurst. Das Geschöpf beginnt sich zu bewegen …

[23] Ein gerne gesehener Besucher in Berleburg war Johann Christian Senckenberg, der spätere Gründer der Senckenbergischen Stiftung und des Bürgerhospitals in Frankfurt. Sollte Dippel den Stein der Weisen tatsächlich gefunden haben, dann sollte man ihn vielleicht im Magazin des Senckenberg-Museums suchen.

[24] Landgraf Ernst Ludwig starb fünf Jahr später, bis zum Schluss überzeugt davon, dass man nur genug Geld ausgeben musste, um den Stein der Weisen zu finden und unermesslich reich zu werden. Sein Sohn und Nachfolger Ludwig VIII., der diese Überzeugung nicht teilte und befürchtete, es könne in der Staatskasse nicht genug Geld für seine eigenen Pläne übrig bleiben, ließ seinen Vater 1737 unter Kuratel stellen und verbot ihm – wenn auch ohne Erfolg – alle alchemistischen Versuche.

Die Staatsfinanzen hat Ludwig VIII. weiter ruiniert, wobei auch er auf skurrile Ideen zu Geldbeschaffung verfiel: 1763 begannen „auf Erlaubnis Ihrer Hochfürstlichen Durchlaucht", wie der örtliche Pfarrer schrieb, groß angelegte und langjährige Grabungen in der Nähe der Burg Frankenstein. Angeregt durch eine alte Sage und Vorhersagen eines Kristallkugellesers hoffte man einen gewaltigen Goldschatz zu heben, was selbstverständlich ein ebenso sinnfreies Unterfangen war wie der Versuch, Gold mittels ausgekochter Tierkadaver herzustellen.

[25] Es ist eine merkwürdige Fußnote der Geschichte, dass Wilhelm Büchner die Farbstoffproduktion ausgerechnet in die Frankensteiner Mühle nach Pfungstadt verlegte.

Hessisches Kulturgut (5):
Der Hesse, das Amtsgericht und die Musik

Christoph Graupner, Fagottkonzert

*Der Hesse ist ein vehementer Verfechter der Gewalten-
teilung, wobei er der Legislative zutiefst misstraut
und die Exekutive gering schätzt. Vertrauen hat er
einzig und allein in die Gerichte. Ein schönes Beispiel für das
hartnäckige Beharren der Hessen auf Gerechtigkeit ist der
Streit um diese Noten, die achtzig Jahre lang die Gerichte
beschäftigten. Christoph Graupner war nicht nur Hofkapellmeister beim Landgrafen Ernst Ludwig von Hessen-Darmstadt, sondern auch einer der bekanntesten und produktivsten
Komponisten des Hochbarock. Obwohl man ihm die Stelle
des Thomaskantors in Leipzig angeboten hatte, konnte er sich
nicht entschließen, Darmstadt zu verlassen, wobei wohl auch
sein nicht unbeträchtliches Gehalt eine Rolle gespielt haben
wird. Statt Graupner wurde ein gewisser Johann Sebastian
Bach Thomaskantor und weltberühmt. Graupner drohte
dagegen nach seinem Tod völlig in Vergessenheit zu geraten,
denn Landgraf Ernst Ludwig betrachtete alle Arbeiten des
Hofkomponisten als sein Privateigentum und verhinderte
damit, dass dessen umfangreiches Werk (u. a. über 1.400
Kantaten, 113 Sinfonien, 44 Konzerte und acht Opern) veröffentlicht wurde. Graupners Familie konnte diese Ungerech-
tigkeit nicht auf sich sitzen lassen und zog mit einer Beharr-
lichkeit vor Gericht, der sich schließlich auch der
Darmstädter Hof geschlagen geben musste.*

„Sie sind kühn! Sie sind sehr kühn", sagten sie.
„Aber reisen Sie unbedingt morgen früh ab, so
früh als möglich, sonst werden Sie alles, alles verlieren."
Ich hörte nicht auf sie.
Fjodor Dostojewskij, Der Spieler

Der Hesse und der Spieler

Alles verzockt, dann Schulden gemacht, schön weitergespielt und natürlich wieder alles verloren. Dann frustriert nach Hause gegangen, die Frau angebrüllt, die Polizei auch und früh um fünf mit Schnaps und Kopfschmerz ins Bett. Und schließlich mit Hilfe der Frau nochmals das Ruder herum und sich selbst am Riemen gerissen und den Karren auf den letzten Drücker aus dem Dreck gezogen.

Das kommt auch dem einen oder anderen Hessen bekannt vor, wobei sich dann konkret meist alles um den Daddelautomaten in *Sylvie's Bierstubb*, die Hartz-IV-Kohle und das triste Dasein in einem Plattenbau am Stadtrand dreht – und es mit dem „Ruderherumreißen bevor alles den Bach runtergeht" dann oft doch nicht klappt. Wie man auch mit ein wenig mehr Stil alles verzockt und dabei doch weltberühmt wird, kann der Hesse vom Russen lernen:

Ein wirklicher Gentleman darf sich nicht aufregen, selbst dann, wenn er sein ganzes Vermögen verspielt. Seine Vornehmheit muss so hoch über dem Geld stehen, dass er es kaum der Mühe wert hält, sich darum zu kümmern.[26]

Fjodor Michailowitsch Dostojewskij wusste, worüber er schrieb. 1865 kam er nach Wiesbaden, wo er zwei Jahre zuvor bereits 10.000 Franken gewonnen, davon am nächsten Tag aber die Hälfte gleich wieder verloren hatte. Für Heilwasser und Spaziergänge im Kurpark blieb ihm auch diesmal keine Zeit, denn der Schriftsteller war ausschließlich des Roulettes wegen gekommen, sehr zum Verdruss seiner Freundin Paulina, die nach einigen Tagen enttäuscht nach Paris abreiste.

Da ich ja selbst in hohem Maß von dem Wunsch zu gewinnen erfüllt war, wirkte diese ganze Gewinnsucht, all dieser schmutzige Eigennutz beim Betreten des Saales beruhigend und anheimelnd auf mich. Es ist das allerschönste, wenn man sich voreinander nicht zu zieren braucht, sondern offen und freimütig handeln kann. Und wozu soll man sich selber betrügen? Das ist höchst unnütz und unpraktisch. [27]

In Wiesbaden war das Glücksspiel schon immer Teil des Kurbetriebs. Es wurde auch nicht etwa nur widerwillig von der Obrigkeit geduldet, im Gegenteil: Die Spielbank Wiesbaden war ein weiterer Einfall eines hessischen Landesherren, der seine Staatsfinanzen sanieren wollte. Gegen Ende des 18. Jahrhunderts stellte der Fürst von Nassau-Usingen fest, dass die Kassenhaltung seinen Bedürfnissen nicht annähernd gerecht werden konnte. Es war die Zeit des Hochbarock, und allein die Perücken des Fürsten kosteten ein Vermögen, von anderen notwendigen Utensilien eines barocken Hochadeligen ganz zu schweigen. Also vergab er 1771 die ersten Konzessionen für Glücksspiele, die zunächst noch in Gast- und Wirtshäusern stattfanden. 1810 bekam die Spielbank ein eigenes Gebäude, das neue Kurhaus in

Wiesbaden. Der Ort war mit Bedacht gewählt – in Mainz auf der anderen Seite des Rheins hatte der Bischof das Sagen, und Spiele um Geld waren verboten. Für Kundschaft war also gesorgt. Und die Nachricht vom Glücksspiel und seinen Möglichkeiten verbreitete sich schnell, in Deutschland wie im Ausland, vor allem in Russland.

„Ich bitte Sie", erwiderte ich ihm, „es ist doch wirklich noch unentschieden, was widerwärtiger ist: die russische Ungeschliffenheit oder die deutsche Art des Erwerbs durch ehrliche Arbeit." [28]

Als Dostojewskij keine hundert Jahre später nach Wiesbaden kam, war der Spielbetrieb lange etabliert, durch eine eigene Polizei geregelt und in ganz Europa berühmt. Dem Schriftsteller half das jedoch auch nicht weiter, denn nach fünf Tagen war er pleite. Die 175 Rubel, mit denen er nach Wiesbaden kam, waren weg, verzockt, dabei hätte der Betrag für einen langen und komfortablen Aufenthalt in Europa ausreichen sollen. Er versetzte seine Uhr und schrieb unfrankierte Briefe an Paulina, in denen er um Geld bat. Im Hotel teilte man ihm mit, dass man ihm keine Speisen und Getränke mehr servieren werde und drohte mit der Polizei. Er schrieb weitere Briefe, an Freunde, Verleger und Bekannte, er bat und bettelte – und bekam schließlich einen Vorschuss auf eine Werkausgabe und ein neues Buch, abzuliefern in einem Jahr. Dreitausend Goldrubel. Aber auch die waren in wenigen Tagen weg. Verloren beim Roulette.

Bin ich denn wirklich ein kleines Kind? Begreife ich denn nicht, dass ich selbst ein verlorener Mensch bin? Allein –

*warum sollte ich nicht auferstehen können! Ja! Es gilt, nur
einmal im Leben berechnend und geduldig zu sein. Es
gilt, nur einmal fest zu bleiben, und ich kann in einer
Stunde mein ganzes Schicksal ändern. Hauptsache – cha-
rakterfest sein.* [29]

Aber vorerst steckte Dostojewskij wirklich in der Klemme,
er musste nach Russland abreisen, um nicht zu sagen:
flüchten, und er musste ein Buch abliefern, für das er den
Vorschuss bereits verspielt hatte – andernfalls wären die
Rechte für alle weiteren Werke an den Verleger Stellowskij
gefallen. Monate verbrachte er mit anderen Büchern, die
er ebenfalls noch zu schreiben hatte, nebenbei haderte er
mit seinem Schicksal und dachte ans Roulette. Am
1. November 1866 musste er den Roman abliefern, am
4. Oktober hatte er noch nicht einmal angefangen. Auf
den Rat eines Freundes hin beschäftigte er eine Stenografin, Anna Grigorijewna Snitkina, der er in den nächsten
24 Tagen das verlangte Werk diktierte: *Der Spieler.*

Der fiktive Schauplatz des Romans, Roulettenburg, ist
unschwer als eine Mischung aus Wiesbaden und Bad
Homburg zu erkennen. Die Protagonisten sind allesamt
Spieler, selbst eine aus Moskau angereiste greise Tante ver-
fällt der Spielsucht und verspielt ihr Vermögen, was alle,
die auf ihr Erbe gehofft hatten, in Verzweiflung stürzt und
alle Beziehungen zerbrechen lässt.

Für Dostojewskij selbst sah es zunächst etwas besser aus:
Nicht nur sein Buch war fertig, sogar zwei Tage vor dem
Abgabetermin, er hatte sich auch in seine Stenografin ver-
liebt und heiratete sie im Februar 1867. Aber er blieb ein

Spieler, und schon im April des gleichen Jahres brachen er und seine Frau wieder nach Mitteleuropa auf – genau genommen flüchteten sie erneut und zum wiederholten Mal vor Dostojewskijs Gläubigern. Zurück in Deutschland zeigte sich dann, was er meinte, wenn er schrieb „Es gilt, nur einmal fest zu bleiben, und ich kann in einer Stunde mein ganzes Schicksal ändern". Nur einmal gewinnen, nur einmal das große Los, den Jackpot, den Hauptgewinn. In Baden-Baden, in Bad Homburg, in Wiesbaden, überall lag er schluchzend vor seiner Frau auf den Knien und bat sie, ihre Uhr, ihren Schmuck und schließlich ihre Kleider zu versetzen, damit er weiterspielen konnte. Es ist nicht überraschend, dass dieser Teil der Geschichte in den Werbebroschüren der hessischen Spielbanken unerwähnt bleibt. Die beiden kehrten erst wieder nach Russland zurück, als 1872 alle Spielbanken in Deutschland geschlossen wurden.

Er kehrte vom Spieltisch zurück …, es war schrecklich ihn anzuschauen: sein Gesicht hochrot, seine Augen rot unterlaufen, als ob er betrunken wäre.[30]

Bereits 1866 hatte Preußen große Teile von Hessen annektiert, neben Hessen-Kassel, Hessen-Homburg und der Freien Stadt Frankfurt auch das Herzogtum Nassau. Damit fielen auch die Spielbanken in Wiesbaden und Bad Homburg erst unter die preußische Hoheitsgewalt, 1871 dann unter die Jurisdiktion des deutschen Kaiserreichs. Ein Jahr später war die Zeit der Spielbanken erst einmal vorbei.

Auch Herzog Adolph I. von Hessen-Nassau schien das Glück zunächst verlassen zu haben, denn mit der preußischen Besatzung musste er zurücktreten und verlor seine

Einkünfte.[31] Schon ein Jahr später gestand ihm Preußen allerdings eine Abfindung in Höhe von 15 Millionen Gulden sowie vier Schlösser in Wiesbaden, Weilburg und Königstein zu. 1890 wurde er schließlich – aufgrund verwickelter Familienverhältnisse und komplexer Erbfolgeregelungen – auch noch Großherzog von Luxemburg. Wenn das kein Glück ist.

[26-29] Alle Zitate aus: Fjodor M. Dostojewskij, Der Spieler, München 1981.

[30] Anna Grigorijewna Dostojewskaja, Erinnerungen, München 1988.

[31] Tatsächlich soll die preußische Besetzung den Fürsten von Nassau in arge finanzielle Bedrängnis gebracht haben – die ihn sogar dazu bewog, die Pflanzen seiner Orangerie zu verkaufen. Zu diesem Entschluss hat sicherlich auch der Umstand beigetragen, dass der Herzog sich seit seiner Absetzung kaum mehr in Hessen aufhielt. Man darf vermuten, dass unter den angebotenen Pflanzen auch die 40 Orangenbäumchen waren, mit denen der Kurfürst von Hessen-Kassel einige Jahre zuvor seine Spielschulden beglichen hatte.
Letztendlich war es die Stadt Frankfurt, die von der fürstlichen Misere profitierte: Auf Anregung des Gärtners Heinrich Siesmayer, der mit der Auflösung der Sammlung beauftragt war, bildete sich das Komitee zum Erwerb des Biebricher Wintergartens, das die Pflanzen kaufte und damit den Frankfurter Palmengarten gründete.

Der Hesse und der Liebe Gott

Er habe doch etwas, sagte die Landgräfin Christine, die mit ihrem Gatten Philipp I. von Hessen beim Abendessen saß. Er stochere ja nur in seinem Essen herum und sei so schweigsam. Was denn nur los sei.

Es sei nichts, antwortete der Landgraf und betrachtete trübsinnig ein Stück Gemüse, das unerklärlicherweise auf seinen Teller geraten war.

Er sehe auch ganz blass aus. Ob er krank sei, argwöhnte die Landgräfin beunruhigt. Er lasse den Braten liegen bis er kalt sei, mit ihr mache er es nicht anders, das kenne sie gar nicht bei ihm. Ob man den Arzt …

Unsinn, brüllte der Landgraf in plötzlicher Wut und stieß den Teller von sich. Was sie da rede! Er sei nicht krank! Ob sie wisse, welche Verantwortung er trage! Der Kaiser, die Bauern, die Fürsten, die Katholiken, die Protestanten, alle stellten sie Forderungen, und er …

Oh mein Gott, heulte die Landgräfin. Krieg. Es gebe wieder Krieg. Sie *habe* es geahnt. Sie *habe* es gesagt. Sie *habe* ...

In diesem Augenblick trat ein Diener ein und meldete, die Herren Luther und Melanchthon seien nun da und ob seine Durchlaucht zu sprechen sei. Der Landgraf sprang auf, warf noch einen Blick auf seine Gattin, die schluchzend über der Stuhlkante hing und stürmte hinaus.

Der Gedanke an Krieg war im Jahr 1539 nicht abwegig, denn die Situation im Heiligen Römischen Reich war verfahren. Mehrere Fürsten und Städte hatten in den letzten Jahren den Protestantismus eingeführt, allen voran Philipp I. in seiner Landgrafschaft Hessen. Er hatte Klöster aufgelöst, eine neue reformatorische Kirchenordnung veröffentlicht, in Marburg die erste protestantische Universität gegründet, erfolgreich vom Erzbischof von Mainz die geistliche Gerichtsbarkeit in Hessen eingefordert und allen deutlich gemacht, dass er es ernst meinte. Erst im vergangenen Jahr hatte er den Konfirmationsunterricht eingeführt und mit der *Ziegenhainer Zuchtordnung* reglementiert. Vor allem aber hatten sich die deutschen protestantischen Fürsten und Städte unter seiner Führung im Schmalkaldischen Bund zusammengeschlossen. Im Reichstag bildeten sie allerdings noch eine angefeindete Minderheit. Auch der Kaiser war katholisch geblieben, konnte es sich jedoch nicht leisten, offen gegen die Protestanten vorzugehen, denn er brauchte ihre Unterstützung gegen die Türken – unverkennbar lag eine gewisse Spannung in der Luft ...

Im Spätherbst 1539 hatte Landgraf Philipp allerdings ein ganz anderes Problem.

Er habe es nachgelesen, brüllte er auf Luther und Melanchthon ein und knallte eine Bibel auf den Tisch. Es sei eindeutig. Jakob sei mit Rachel *und* Lea verheiratet gewesen. Und zwar gleichzeitig. Und niemand habe etwas dagegen gesagt.

Der Fall habe ganz anders gelegen, wandte Luther ein.

Und sei schon lange her, ergänzte Melanchthon. Das könne man kaum als Beispiel oder gar als Vorbild nehmen.

Andere Stellen in der Bibel seien eindeutig, wenn es um die Vielweiberei gehe, gab Luther zu bedenken. Sehr eindeutig, bestätigte Melanchthon. Geradezu unmissverständlich.

Das seien doch kleinliche Einwände, tobte der Landgraf. Sie seien doch Theologen und dazu die berühmtesten im Heiligen Römischen Reich. Da müsse sich doch etwas machen lassen.

Luther und Melanchthon sahen sich an. Nun ja, meinte Luther.

Wenn Landgräfin Christine, also wenn die jetzige Gattin von Herrn Philipp, sagte Melanchthon zögernd, nun, wenn es Gott gefalle, sie eines Tages zu sich zu nehmen …

… dann stünde einer weiteren Ehe mit Fräulein Margarethe von der Saale natürlich nichts im Wege, ergänzte Luther ebenso bedächtig, während er seine Fingernägel betrachtete. Rein theoretisch gesprochen. Wenn der Landgraf sich so lange gedulden könne. Die fragliche Dame sei ja auch noch jung, 17 Jahre, wenn er richtig unterrichtet sei.

Philipp sah die beiden entgeistert an. Sie hätten ihn nicht verstanden, polterte er. Er wolle nicht eine nach der anderen, und auf Christine verzichten, wolle er auch nicht. Die Frau habe ihm bereits sieben Kinder geschenkt, davon immerhin drei Söhne. Eine solche Frau gebe man doch nicht auf. Nein, nein. Er wolle beide. Christine und Margarethe. Zur gleichen Zeit und so schnell wie möglich. Wie Jakob sei er ein Urvater seines Stammes, ja aller Hessen. Und da kämen sie, die Herren Luther und Melanchthon mit spitzfindigen Bedenken. Er lasse das nicht zu! Er fordere eine Lösung!

Aber Gott ..., sagte Melanchthon.

Aber der Kaiser ..., sagte Luther ...

... erlaube das nicht, sagten beide gleichzeitig. Das müsse der Landgraf einsehen. Auf Bigamie stehe die Todesstrafe. Sogar in Hessen.

Gut, sagte der Landgraf kühl. Dann müsse er Konsequenzen ziehen. Offenbar habe er sich geirrt. Die Reformation sei wohl doch ein Irrweg. Im Katholizismus stünde ihm immerhin ein anderer Weg offen. Beichte und Ablass. Sie verstünden, was er meinte? Die Folgen seien offenkundig ...

Luther und Melanchthon wechselten einen schnellen Blick und schluckten. So weit müsse es nicht kommen, sagte dann Luther. Sie würden sich beraten. Er sei sicher, dass man eine Lösung für das spezielle Problem des Landgrafen finden werde. Durchlaucht würde in Kürze von ihnen hören. Man wünsche dem Herrn Landgrafen noch einen schönen Abend und Gottbefohlen.

Die erhoffte Lösung kam am 10. Dezember 1539 in Form des *Wittenberger Ratschlags*, einem Schreiben Luthers an den Landgrafen: Die von Jesus verkündete Einehe sei keine verbindliche Vorgabe für weltliches Recht, schrieb Luther. Eine Doppelehe sei daher zwar grundsätzlich zu vermeiden, aber die Gewissensnöte der Beteiligten könnten eine abweichende Einzelfallentscheidung möglich machen. Dass solche Gewissensnöte in Philipps Fall gegeben seien, wurde ihm attestiert. Eine Doppelehe sei ihm folglich erlaubt, falle aber unter das Beichtgeheimnis und müsse vor der Welt geheim gehalten werden. Letzteres kam Philipp durchaus gelegen, da er sich erhoffen konnte, dass eine geheime zweite Ehe keinen unerfreulichen Bigamieprozess vor dem kaiserlichen Reichsgerichtshof nach sich ziehen würde.

Im März 1540 heiratete Philipp I., Landgraf von Hessen, Margarethe von der Saale. Melanchthon gehörte zu den wenigen Gästen, Luther ließ sich entschuldigen. Die Landgräfin Christine soll ebenfalls an der Zeremonie teilgenommen haben.

Zu Gott hat der Hesse ein pragmatisches, um nicht zu sagen entspanntes Verhältnis, und Landgraf Philipp war weder der erste noch der letzte, der – auch gegen den erklärten Willen seines Pfarrers – eine individuelle Rechtfertigung seines Handelns durchgesetzt hat.

Bereits die Chatten hatten zu ihren Göttern eine eher sachliche Beziehung, die wesentlich auf dem Austausch gelegentlicher Opfergaben gegen günstige Schicksalsfügung beruhte. Als Bonifatius im 8. Jahrhundert in einer aufsehenerregenden Aktion die heilige Donar-Eiche bei Fritzlar fällen ließ, wohnten die Chatten dem Ereignis selbstverständlich interessiert bei – ein solches Spektakel mit potenzieller Götterdämmerung lässt man sich schließlich nicht entgehen. Dass sie sich anschließend zum Christentum bekehren ließen, hatte allerdings wenig mit Überzeugung oder gar theologischen Erwägungen zu tun, dies entsprach eher dem Wechsel eines Dienstleistungsvertrages, so wie man heute seinen Mobilfunkanbieter oder Gasversorger wechselt.

Auch in der liberalen Freien Reichsstadt Frankfurt gab es Zeiten, in denen streng auf Sitte und Moral geachtet wurde: Selbst auf Kleingeld – hier auf einer Ein-Kreuzer-Münze – gab der Rat der Stadt im 18. Jahrhundert den Einwohnern zu verstehen, dass ihre Missetaten und Sünden bestenfalls den städtischen Behörden verborgen blieben, keinesfalls jedoch dem Auge Gottes, das unermüdlich über ihnen wache.

Natürlich gibt es Ausnahmen: Als der Heilige Bonifatius von den Friesen erschlagen wurde, die seinen Missionsbemühungen offenbar mit weniger Gleichmut gegenüberstanden als die Hessen, brach sofort ein erbitterter Streit über die Frage vom Zaun, wo der Märtyrer bestattet werden sollte. Der zukünftige Heilige versprach eine Reliquie ersten Ranges zu werden, weshalb sowohl Erzbischof Lullus von Mainz als auch Abt Sturmius vom Kloster Fulda die Leiche für sich reklamierten. Fulda setzte sich schließlich durch – mit der Konsequenz, dass der Heilige dort bis heute ein strenges Regiment führt. Fortan versuchte man eine derartige Zusammenballung heiliger Materie zu vermeiden. Als Elisabeth von Thüringen 1231 im Alter von 24 Jahren in Marburg starb, hatte sie ein kurzes, aber von Frömmigkeit, Aufopferung und Entsagung geprägtes Leben geführt, ihre Habe verschenkt und die Kranken gepflegt, selbst die mit den eher ekelerregenden Gebrechen. Jedermann war klar, dass ihre Heiligkeit für lange Zeit beispiellos bleiben würde. Ihr Leichnam wurde daher während der Aufbahrung drei Tage lang für all jene freigegeben, die des Beistands einer Reliquie bedurften. Erstaunlicherweise blieb der größte Teil zunächst erhalten und Elisabeth konnte fünf Jahre später, als sie wie erwartet im Eilverfahren heiliggesprochen worden war, nahezu vollständig in die zu ihren Ehren erbaute Wallfahrtskirche umgebettet werden. Zeitgenössische Quellen berichten, dass mehr als eine Millionen Menschen bei der Umbettung zugegen waren. Selbst wenn man diese Zahl für maßlos übertrieben hält, zeigt sie das immense Interesse an der hessischen Heiligen. Der Reliquienkult wurde erst durch Landgraf Philipp im Rahmen der Reformation in Hessen beendet – zumindest offiziell, denn der größte Teil der Elisabeth-Reliquien ist seither verschwunden.

An seiner Doppelehe hatte Landgraf Philipp letztendlich nur wenig Freude, insbesondere da er nicht bedacht hatte, dass niemand schneller in der Übermittlung oder effizienter in der Verbreitung von Gerüchten und vertraulichen Nachrichten ist als der Hesse – zumal wenn es sich um sensationelle Mitteilungen mit pikanten Details handelt. Über Treppenhäuser, Gartenzäune und Schankwirtschaften verbreitete sich der Bericht über die heimliche Hochzeit im ganzen Land, und auch Kaiser Karl V. war über die landgräfliche Doppelehe informiert, noch bevor Philipp seine neue Frau das erste Mal geschwängert hatte.

Falls der Kaiser moralische Bedenken hatte, verstand er sie geschickt zu unterdrücken, denn er verzichtete auf eine Bestrafung Philipps – allerdings nur unter der Bedingung, dass der Schmalkaldische Bund nicht erweitert würde und auch keinem anderen Landesherren Beistand bieten würde. Dies bedeutete die entscheidende Schwächung des protestantischen Bündnisses, und die vom Kaiser begonnenen Schmalkaldischen Kriege endeten mit einer krachenden Niederlage der Protestanten. Auch Philipp musste 1547 kapitulieren und geriet in kaiserliche Gefangenschaft. Er hätte durchaus mit einem blauen Auge davonkommen können, beging aber leider den Fehler, sich nach dem Kniefall vor dem Kaiser unaufgefordert wieder zu erheben und dabei auch noch anzüglich zu grinsen – vermutlich in Vorfreude, seine beiden Frauen wiederzusehen. Dazu kam es dann erst nach fünf Jahren, die er in einer Festung in den Niederlanden zubringen musste, bis es einem seiner zahlreichen Söhne gelang, ihn zu befreien.

An Kindern mangelte es dem Landgraf nicht: Allein aus seiner ersten Ehe mit Landgräfin Christine hatte er zehn Kinder, davon fünf Söhne. Drei Kinder wurden nach der Eheschließung mit Margarethe von der Saale geboren, die ihrerseits die Zahl der landgräflichen Kinder um weitere neun erhöhte. Soweit die offiziellen Zahlen – man kann getrost vermuten, dass die Zeugungsfreudigkeit des Landgrafen nicht auf die ehelichen Betten beschränkt war.

So erfreulich die große Kinderschar für den Landgrafen war, so ungünstig war sie für die hessische Politik: Nach den Erbregeln des Hauses Hessen musste er die Landgrafschaft unter seinen vier überlebenden Söhnen aus der ersten Ehe aufteilen. Zwar starben zwei der Linien schon nach einer Generation aus, aber die beiden übrig gebliebenen, Hessen-Darmstadt und Hessen-Kassel, verloren deutlich an Einfluss, zumal sie viel Geld, Zeit und Energie damit verschwendeten, sich gegenseitig wegen angeblich ungeklärter Erbschaftsangelegenheiten zu verklagen. Die Söhne aus der zweiten Ehe hatten bei der Aufteilung der Landgrafschaft glücklicherweise nichts zu melden und mussten sich mit der Grafschaft Diez zufriedengeben.

Wie glücklich viele Menschen wären,
wenn sie sich genauso wenig um die Angelegenheiten
anderer kümmern würden wie um die eigenen.
Georg Christoph Lichtenberg

Der Hesse und die Schweden

Aus philosophischer Sicht ist der Hesse eine fast perfekte Monade – eine abgeschlossene, Leib und Seele umfassende Einheit, die sich vollkommen selbst genügt. Der Hesse ist eins mit sich selbst (und *nur* mit sich selbst) und braucht andere nur insoweit, als sie ihm bei der Zubereitung und Zuführung von Nahrung behilflich sind. Die Einverleibung von Wurst, Handkäse, Apfelwein und Bier ist in der klassischen Monadentheorie eigentlich nicht vorgesehen, aber der Hesse hat auch nicht den Anspruch, perfekt zu sein, und wenn ihm jemand Nahrung vorenthält, wird er sauer.

Aber mehr als alles andere hasst er es, wenn ihm jemand reinredet, und er nicht so kann, wie er will. Dann könnte er platzen. Das ist zwar für Monaden nicht vorgesehen, aber auch Monaden müssen sich nicht alles bieten lassen.

Zum großen Verdruss des Hessen hatte er jahrhundertelang kaum eine andere Wahl, er musste sich reinreden lassen, er konnte nicht, wie er wollte: Es wimmelte geradezu von Landgrafen, Großherzögen, Grafen, Kurfürsten, Fürstäbten und anderen Hoch- und Niederadeligen, die ihre Untertanen als persönliches Eigentum betrachteten. Vor allem aber hatten die Herren allesamt eine merkwürdige Vorstellung davon, was sie mit ihren Untertanen anstellen konnten. Mancher Hesse, der eben noch friedlich sein Feld bestellt hatte, fand sich überraschend in Amerika wieder, in seltenen Fällen, wie in dem des Johann Konrad Brandenstein aus Waldeck, sogar als Häuptling eines – bestimmt sehr eigenwilligen – Indianerstammes. Andere sahen sich plötzlich gezwungen, die Straßen von Paris zu kehren, Gibraltar zu erobern oder andere obskure Tätigkeiten auszuführen, die einem Hessen schlecht zu Gesicht stehen.

Zu denen, die es ganz übel trafen, gehörte der Kammerdiener Habicht aus Sandlofs, der Lakai des Freiherrn Heinrich von Schlitz genannt zu Görtz – denn der hatte gleich unter zwei hessischen Herren zu leiden. Sein Arbeitgeber, der sich als Heinrich von Görtz ansprechen ließ, zeigte wenig Neigung in der zwar idyllischen, aber für einen jungen Mann doch sehr überschaubaren Stadt Schlitz am Ostrand des Vogelsberges zu bleiben, wo man auch als Freiherr nur wenig Aufregenderes zu tun hat, als dem Gras beim Wachsen zuzuschauen. Das ist für den Hessen an sich zwar keine unangemessene Beschäftigung, aber den Landgraf zog es hinaus in die weite Welt, und sein Kammerdiener Habicht musste natürlich mit. Man schrieb das Jahr 1695.

Zu den Adjektiven, mit denen man den Freiherrn beschreiben kann, gehören neben *intelligent* und *diplomatisch* auch *gewieft*, *geschmeidig* und *skrupellos*. Mit lästigen moralischen Abwägungen schien er sich jedenfalls nicht lange aufzuhalten. Voltaire beschreibt ihn mit den Worten:

Es hat wohl nie ein Mann gelebt, der so geschmeidig und kühn, so erfinderisch im Unglück, so umfassend in seinen Plänen, so tatkräftig in seinen Unternehmen gewesen ist, wie er. Kein Vorhaben schreckte ihn, alle Mittel waren ihm recht. [32]

Lebte er heute, dann hätte er einen erschlichenen Doktortitel, trüge maßgeschneiderte Anzüge aus italienischen Stoffen und würde als Hedgefonds-Manager jede Woche eine Volkswirtschaft untergehen lassen. Zu Heinrichs tatsächlichen Vorlieben zählten gigantische Perücken und ein pompöses Auftreten, das selbst in der Barockzeit unangenehm auffiel. Man könnte sich fragen, ob der Mann überhaupt Hesse war.

Mit 30 Jahren ist er Kammerjunker beim Herzog von Holstein-Gottorff. Vier Jahre später ist der Herzog tot, Heinrich ist Geheimrat und erfreut sich der Gunst der Herzoginwitwe, was auch immer man darunter verstehen will. Mit vierzig heiratet er eine lokale Adelige und wird so Mitglied der Holsteinischen Ritterschaft. Dann stirbt auch die Herzoginwitwe, der neue Herzog ist jung und schwach, und Heinrich gewinnt noch mehr Macht – die es ihm auch erlaubt, unliebsame Widersacher verhaften zu lassen und ihre Güter einzuziehen. Als holsteinischer Minister spielt er politisch in der ersten Liga und verhandelt mit Schweden, Dänen, Sachsen und Russen über die traditionellen Themen Krieg, Frieden, Herrschaft und Heirat. Aber das reicht ihm nicht: Mit 47 Jahren wird er Bevollmächtigter des schwedischen Königs für die Innen- und Finanzpolitik. Zwar hat er kein offizielles Ministeramt, aber seine Macht scheint grenzenlos. Um Geld für die

Kriegspläne des Königs zu beschaffen, zieht er die schwedischen Silbertaler ein und ersetzt sie durch Kupfermünzen. Er erfindet täglich eine neue Abgabe. Zum König kommt man nur an ihm vorbei. Und einen neuen Thronfolger für den kinderlosen König hat er auch schon im Auge: den holsteinischen Erbprinzen Karl Friedrich.

In Schweden beginnt man ihn zu hassen, was auch das Leben für den bedauernswerten Kammerdiener Habicht nicht leichter machte.

Aber dann betritt ein anderer Hesse die politische Bühne Schwedens: Landgraf Friedrich von Hessen-Kassel heiratet Ulrike Eleonore, die Schwester des Königs, die sich selbst als legitime Nachfolgerin ihres Bruders sieht. Nun beginnt etwas, was man außerhalb von Gesangs- und Kleintierzuchtvereinen selten erleben kann: Zwei Hessen kämpfen um die Macht. Üblicherweise weiß der Hesse, dass Macht stets mit Verdruss verbunden ist und lässt daher lieber die Finger davon: Wer etwas zu sagen hat, ist ständig aufgefordert, das auch zu tun, auch wenn er sich gerade lieber ganz allgemein am Sein erfreuen möchte, und muss sich dazu auch noch mit Kritik, Besserwisserei, übler Nachrede, Konkurrenz sowie der Gefahr des Scheiterns herumschlagen. Umstände also, unter denen kein dem Hessen angemessener Lebenswandel möglich ist.

Der Machtkampf zwischen Heinrich von Görtz, den man nun den „Schwedengörtz" nennt, und Friedrich von Hessen-Kassel ist jedoch unerwartet schnell entschieden: 1718 wird König Karl XII. erschossen. Der Täter ist angeblich ein unzufriedener Norweger, aber die Umstände der Tat ließen sich nie genau aufklären. Genutzt hat der Mord jedenfalls Ulrike Leonore, die sich handstreichartig zur Königin erklären lässt, und ihrem Gatten, Friedrich von Hessen-Kassel, zu dessen Gunsten sie zwei Jahre später abdankt.

Heinrich von Görtz ist dagegen am Ende, und das nicht nur beruflich: Kurz nach der Ermordung seines Königs wird er verhaftet und wenig später hingerichtet. Für seinen Kammerdiener Habicht ist damit allerdings die Zeit des Leidens nicht vorbei, denn ihm fällt die undankbare Aufgabe zu, den Leichnam seines Herrn in die oberhessische Heimat zu überführen. Normalerweise wäre das kein Problem, an dem ein geübter Kammerdiener verzweifeln würde, aber in diesem speziellen Fall muss die Zurückführung aufgrund der außerordentlichen Unbeliebtheit des Verblichenen heimlich geschehen. Die Überreste des Schwedengörtz werden daher als Porzellan deklariert und – zumindest in Schweden – vorwiegend nachts transportiert. Hessen-Kassel wird aus Gründen der Pietät weiträumig umfahren. Als der heikle Transport endlich in Schlitz ankommt, wird der treue Kammerdiener wenigstens angemessen belohnt: Er erhält das Recht, auf seinem Hof Bier zu brauen und Schnaps zu brennen, weshalb der Bauernhof auch heute noch „Das Wirtshaus" genannt wird.

Dass das Streben nach Macht in der Regel nicht glücklich macht, musste schließlich auch König und Landgraf Friedrich, der Hesse auf dem schwedischen Thron, erfahren: Seine diplomatischen und militärischen Unternehmungen endeten regelmäßig in fulminanten Desastern, über die selbst die freundlichen Schweden nicht mehr hinwegsehen konnten, und das Parlament wurde immer mächtiger. Vor allem sprach er kein Schwedisch und die Schweden kein Hessisch, so dass er sich zunehmend unverstanden fühlte. Man verbreitete Gerüchte über ihn, beispielsweise, dass er jeder Frau nachstelle, dann aber, wenn er die entsprechende Dame endlich ins Schlafgemach komplimentiert habe, in denkbar ungeeigneter Situation in Ohnmacht falle.

Schließlich fügte er sich in sein Schicksal, ließ fortan die Finger aus den Staatsgeschäften und sehnte sich zurück nach Hessen. Da er die Regentschaft über Hessen-Kassel jedoch schon an seinen Bruder abgegeben hatte, blieb ihm nichts anderes übrig als im Norden sein eigenes kleines Hessen zu gründen. Er hielt sich eine offizielle Mätresse, kaufte einigen Besitz in Holstein und machte seine beiden unehelichen Söhne zu Grafen von Hessenstein – ein Titel, den er eigens zu diesem Zweck geschaffen hatte.

---

[32] Voltaire, Karl XII., Frankfurt 1978.

Lernen wir träumen, meine Herren,
dann finden wir vielleicht die Wahrheit.
August Kekulé von Stradonitz

Der Hesse und die Chemie

Justus von Liebig hatte gegenüber anderen Naturwissen-schaftlern einen entscheidenden Vorteil: Selbst seine Zeitgenossen konnten verstehen, womit er sich beschäftigte und welchen Vorteil sie selbst davon hatten. Im Zweifelsfall befand sich mindestens eines der von ihm entwickelten Produkte im heimischen Küchenschrank – und in der Regel tut es das immer noch. Andere Wissen-schaftler müssen oft sehr weit ausholen, um zu erklären, was sie so treiben und in welchen Tiegeln sie rühren, um dann, wenn sie am entscheidenden Punkt angekommen sind, verdrossen festzustellen, dass ihr Publikum schon vor einiger Zeit den Faden verloren hat. Wenn es überhaupt jemals Interesse an der bearbeiteten Materie hatte. Und unter den Naturwissenschaften gibt es kaum eine Diszip-lin, die den meisten Menschen so fern liegt wie die Che-mie. Weshalb auch sollte man sich fragen, *warum* etwa jeden Herbst auf wundersame Weise aus dem Saft gepress-ter Äpfel Apfelwein wird. Man weiß doch, *dass* es geschieht. Das muss reichen.

Justus Liebig (den Adelstitel erhielt er erst mit 45 Jahren) war dieses Wissen nicht genug. Sein Vater war Drogist und Farbenhändler in Darmstadt, und in dessen Werkstatt fand Justus bereits als Junge eine Fülle faszinierender Che-

mikalien. Besonders angetan hatte es ihm das Knallqueck-
silber, eine instabile Verbindung, aus der man Knallerbsen
herstellte. Ein missglückter Versuch mit diesem Material
führte auch zu jenem bedauerlichen Dachstuhlbrand, der
seine kurze Karriere als Apotheker jäh beendete. Danach
wandte er sich konsequent der Chemie zu und wurde
1821 – damals war er erst 21 Jahre alt – auf Empfehlung
von Alexander von Humboldt als außerordentlicher Professor für Chemie an die Universität Gießen berufen.

Die Wertschätzung für Chemiker war damals ausgesprochen
gering, niemand schien sich für diese Wissenschaft wirklich
ernsthaft zu interessieren, was sich unter anderem darin
äußerte, dass Liebig in den ersten Jahren seiner Professur
einen großen Teil der notwendigen Ausgaben selbst tragen
musste. Die Chemie befand sich damals zudem scheinbar am
Ende einer Sackgasse: Man wusste zwar, dass erstaunlich viele
Dinge, unter anderem alle Pflanzen, Tiere und Menschen, im
Wesentlichen aus Kohlenstoff, Wasserstoff, Sauerstoff und ein
wenig Stickstoff bestehen, hatte aber keine Ahnung, wie das
alles zusammenhing. Verwirrend war auch die Tatsache, dass
vollkommen unterschiedliche Dinge aus den gleichen Men-
gen der gleichen Stoffe bestehen. Man vermutete außerdem,
dass organischen Materialien eine ominöse transzendente
„Lebenskraft" innewohne, die Leben überhaupt erst ermög-
lichte und deren Abwesenheit dafür sorge, dass Menschen,
Tiere und Pflanzen einfach dahinwelken.

Liebig verbesserte die Analysemethoden, führte unzählige
Untersuchungen an organischen Stoffen durch und
konnte schließlich mit Hilfe der von ihm und Friedrich
Wöhler entwickelten Radikaltheorie den grundsätzlichen

Aufbau organischer Materie erklären. Dass er damit die organische Chemie begründete, hätte die Hessen damals wie heute bei allem Lokalpatriotismus bestenfalls zu einem freundlichen Kopfnicken motiviert, vermutlich aber zu einem brummeligen „Wer brauchd dann die Ferz?". In diesem Fall aber war die Antwort eindeutig: jeder.

Oder jedenfalls jeder, der nicht auf gedüngte Felder, Babynahrung, Suppenwürze, lockeren Kuchen und ungiftige Spiegel verzichten will.

Berühmt geworden ist Liebig mit seinen Forschungsergebnissen zur Mineraldüngung, die auf seinen Erkenntnissen zur organischen Chemie beruhten. Heute mag man von Phosphatdüngung in der Landwirtschaft halten was man will, in der Mitte des 19. Jahrhunderts bedeutete sie eine deutliche Verbesserung der damals kritischen Nahrungsmittelversorgung. Die Düngung war sofort eine Sensation, die ganze Welt war begeistert, und Liebig wurde gefeiert wie kaum ein anderer Chemiker vor oder nach ihm. Später, da hatte ihn der bayerische König schon von Gießen nach München abgeworben, erfand er außerdem noch eine Suppe für Säuglinge (den Vorläufer der heutigen Babynahrung), einen Fleischextrakt (ohne den die Maggiwürze undenkbar wäre[33]), das Backpulver (das Dr. Oetker reich machte) und einen Spiegel mit Silberbeschichtung. Letzterer konnte sich allerdings erst durchsetzen, als man erkannte, dass Quecksilber, mit dem man bisher Glas verspiegelt hatte, giftig ist. Und er konnte sogar erklären, wie durch Gärung aus Most Apfelwein wird. Dem konnte letztendlich auch der Hesse seine Anerkennung nicht versagen.

Schwerer hatte es da der im gleichen Jahr wie Liebig in Eschersheim geborene Friedrich Wöhler, mit welchem Liebig eine jahrzehntelange Freundschaft verband. Wie Liebig war Wöhler einer der Pioniere der organischen Chemie, aber zu seinem Pech wurde er vor allem durch die Synthese von Harnstoff bekannt. Das brachte die Chemie einen gewaltigen Schritt voran, da so bewiesen war, dass man einen organischen Stoff vollkommen ohne die obskure Zutat „Lebenskraft" herstellen konnte.

Für die Hessen war einer, der meint, Urin chemisch herstellen zu müssen, allerdings eher suspekt.[34]

Eines der Probleme, die auch Liebig und Wöhler nicht lösen konnten, war die Struktur des Benzols, das von Michael Faraday 1825 in den Rückständen von Walöl-Lampen der Londoner Straßenbeleuchtung entdeckt wurde und sich als hervorragendes Lösungs- und Reinigungsmittel erwies. Man konnte es sogar als Treibstoff einsetzen und der Bedarf stieg ständig. Leider konnte niemand sagen, wie es aufgebaut war: Es war zwar bekannt, dass ein Benzol-Molekül je sechs Kohlenstoff- und Wasserstoffatome enthielt, aber nach allem, was man über chemische Bindungen zwischen Atomen wusste, konnte sich daraus niemals ein stabiles Molekül bilden. Instabil war auch der Name der Substanz: Faraday hatte den Stoff noch als *Bicarburet of Hydrogen* bezeichnet, der deutsche Chemiker Eilhard Mitscherlich benannte ihn um in *Benzin*, und Justus von Liebig, der auch keinen wesentlicheren Beitrag zur Debatte leisten konnte, gab dem Benzol schließlich seinen heutigen Namen.

Das Benzolproblem wäre nun nicht mehr als eine nette Fußnote der Wissenschaftsgeschichte, aber an seiner Lösung war ein weiterer hessischer Chemiker beteiligt, der dabei eine noch wichtigere Entdeckung machte: August Kekulé von Stradonitz, der wie Liebig aus Darmstadt stammte und dort 1829 geboren wurde. In Gießen studierte er zunächst Architektur, aber nachdem er Vorlesungen von Liebig besucht hatte, wandte er sich der organischen Chemie zu. Auch er erwarb sich schnell einen Ruf als außerordentlich begabter Chemiker. Zudem hatte er einige Hobbys, die man bei Naturwissenschaftlern sonst nicht vermutet. Er war begeisterter Zeichner, Sportler, Tänzer, Jongleur und Imitator. Zur Mitte des 19. Jahrhunderts, als Kekulé sich anschickte, Karriere zu machen, muss es für seine bürgerlich-steife Umwelt ein wenig irritierend gewesen sein, wenn er plötzlich anfing, mit Äpfeln zu jonglieren oder Kollegen zu imitieren. Trotzdem bekam er 1858 auf Empfehlung von Liebig eine Professur in Gent[35], und 1862 wurde er ordentlicher Professor für Chemie in Bonn.

Kekulés Forschungsgebiet war die Struktur organischer Materie. Bereits 1858 postulierte er, welche Verbindungen Kohlenstoffatome eingehen können – und damit war eigentlich fast alles erklärt. Was vorher ausgesprochen rätselhaft und undurchschaubar erschien, wurde durch Kekulés Strukturformeln selbst für Oberschüler verständlich. Fast noch interessanter war jedoch, wie er zu seinen Erkenntnissen gekommen war: durch ein Nickerchen im Omnibus. Er selbst stellte das so dar:

> *Ich versank in Träumereien. Da gaukelten vor meinen Augen die Atome. [...] Heute sah ich, wie vielfach zwei*

kleinere sich zu Pärchen zusammenfügten; wie größere zwei kleine umfassten, noch größere drei und selbst vier der kleinen festhielten, und wie sich Alles in wirbelndem Reigen drehte. Ich sah, wie größere eine Reihe bildeten und nur an den Enden der Kette noch kleinere mitschleppten … Der Ruf des Conducteurs, Clapham Road, erweckte mich aus meinen Träumereien.[36]

Aber das Benzol blieb ein Problem, denn es schien auf irritierende Weise nicht zu Kekulés Postulaten zu passen. Die Lösung brachte eine weitere Träumerei: Kekulé saß in seinem Arbeitszimmer, das wohl ein wenig dunkel gelegen war, vor dem brennenden Kamin, starrte in die Flammen – und fiel, wen wundert's, in einen sachten Schlummer. Wieder tanzten die Atome und bildeten Ketten, die sich schlangenartig drehten und wanden. Und dann das: eine der Schlangen biss sich in den Schwanz. Das Benzol war ringförmig, was zu Kekulés Postulaten passte – das Rätsel war gelöst. Es ist ein bisschen unklar, wann Kekulé diesen Traum tatsächlich hatte und ob er den ganzen Zinnober nicht einfach erfunden hat, aber das Ergebnis veröffentlichte er 1865. 1890, zur 25-Jahr-Feier seiner Entdeckung, spricht er auch über den Traum, der dazu geführt haben soll. Dass er das Rätsel im Schlaf gelöst hat, scheint ihm zu dieser Zeit wichtiger gewesen zu sein als die Entdeckung selbst, denn er erzählt die Geschichte in aller Ausführlichkeit. Wie es scheint, wollte er damit aber weniger auf die Leichtigkeit der Lösung „im Schlaf" hinweisen als offenbar die segensreiche Wirkung eines Nickerchens betonen.

Die Strukturformel des Benzols hat ohne Zweifel die Chemie einen großen Schritt vorangebracht, auch wenn es mittlerweile als giftig und krebserregend bekannt ist und allgemein gemieden wird. Die zweite Erkenntnis Kekulés – wie zuträglich ein Schläfchen der Geisteskraft sein kann – ist dagegen von weit größerer Tragweite und wird vom Hessen auch regelmäßig und gerne gewürdigt.

Kekulés Traum hatte übrigens im 20. Jahrhundert ein etwas merkwürdiges Nachspiel, als Alexander Mitscherlich, damals Leiter des Siegmund-Freud-Instituts in Frankfurt, die Szene am Kamin psychoanalytisch deutete. Die Schlange, die Kekulé am Kamin gesehen haben wolle, könne nur als Phallus gedeutet werden, behauptete er, und der Chemiker habe offenkundig unter einem gewaltigen, wenn auch zeittypischen Triebstau gelitten. In den Sechziger Jahren sorgte die These für allerlei Wirbel, wird aber mittlerweile doch eher milde belächelt.

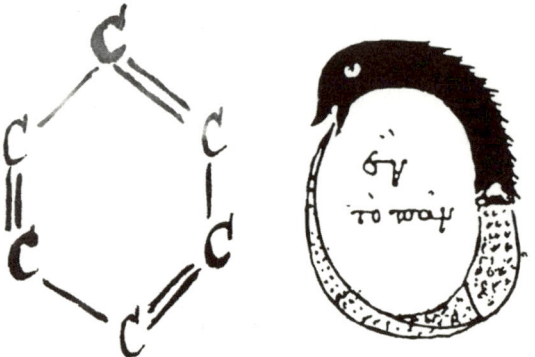

Die Strukturformel des Benzols und die sich in den Schwanz beißende altägyptische Ouroboros-Schlange, die Kekulé im Kaminfeuer gesehen haben will.

Im Übrigen schließt sich damit auch hier der Kreis (bzw. beißt sich die Schlange in den Schwanz), denn Alexander Mitscherlich war der Urenkel von Eilhard Mitscherlich, der das Benzol einst *Benzin* genannt hatte.

---

[33] Die Erfindung des Fleischextrakts löste auch ein drängendes Problem der südamerikanischen Rinderbarone, die Fleisch exportieren wollten, dies aber mangels Kühlmöglichkeiten nicht tun konnten. Im großen Stil wurde „Liebigs Fleischextrakt" erstmals in Uruguay produziert.

[34] Immerhin wurde ein nur mäßig erodierter, im Durchmesser 26 km großer Mondkrater nach Wöhler benannt.

[35] In Gent bekam er auch den Accent auf dem E geschenkt, der die korrekte Aussprache seines Namens verdeutlichen sollte.

[36] Berichte der Deutschen Chemischen Gesellschaft, 23 (1890), S. 1306.

Frankfurt steckt voller Merkwürdigkeiten.
Johann Wolfgang von Goethe

Der Hesse und der Große Gestank

Es stank in Frankfurt. Das war 1866 nichts Neues, denn es roch schon seit Jahrhunderten, wenn nicht schon immer. Der Gestank war so etwas wie ein aufdringlicher Nachbar oder ein lästiger Verwandter, von dem man weiß, dass man ihn nicht loswerden wird. Seit Mitte des 19. Jahrhunderts hatte der üble Geruch jedoch eine neue Qualität angenommen und war von einer olfaktorischen Belästigung zu einer physischen Präsenz geworden, die man mit den Händen hätte greifen können, wenn man denn gewollt hätte.

Die Stadt wuchs unaufhaltsam, vor allem seitdem sie als Sitz des Deutschen Bundestages de facto deutsche Hauptstadt war. Die Einwohnerzahl stieg von 40.000 im Jahr 1810 auf über 90.000 im Jahr 1866. Zehn Jahre später waren es bereits über 100.000 Einwohner. Dazu kamen noch gekrönte Häupter, Gesandte, Sekretäre, Korrespondenten und andere Besucher aus allen Ecken Europas, die sich hier die Klinken der Aborte und Abtritte in die Hand gaben. Mit dem Gestank wuchs auch der Absatz von Fächern, Riechsalz und Kölnisch Wasser, aber damit ließ sich das Problem nur kurzfristig verdrängen, der Quell des Übels blieb. Aufs Land zu fliehen, hatte ebenfalls wenig Sinn, denn dort gärte die Gülle auf den Feldern, und andere Städte hatten die gleichen Probleme wie Frankfurt. Selbst London stank so sehr, dass man 1858 die Vorhänge des Parlaments in Zitronensaft tränkte.

So konnte man nur auf einen kalten Winter hoffen und auf eine dicke Schneedecke, die das Übel gnädig verdeckte. Das Übel, das waren die alten Stadtgräben, die in Frankfurt neben Main und Braubach als Kanalisation genutzt wurden. Die Fließgeschwindigkeit in diesen Gräben tendierte gegen Null, und wer sich dorthinein erleichterte, tat dies mit einer Mischung aus Faulheit, Traditionsbewusstsein und der vagen Hoffnung, ein plötzlicher Gewitterregen möge den stinkenden Unrat wegspülen. Irgendwann. Vielleicht.

Wer nicht über einen eigenen Zugang zu den Stadtgräben oder zum Fluss verfügte – und das war der größte Teil der Frankfurter – sammelte seine Exkremente und anderen Unrat im Haus in gemauerten Sickergruben, den soge-nannten „heimlichen Gemächern". Diese Kloaken fassten 30 bis 50 Kubikmeter und wurden im Allgemeinen nur ab und an geleert, eben wenn es gar nicht mehr anders ging – wenn sie, kurz gesagt, voll waren bis zum Rand. Der Frankfurter hatte eben schon immer einen Drang zum Sammeln und Horten, der sich nicht nur aufs Geld und Gold beschränkte.

Von Goethes Vater, dem Kaiserlichen Rat Johann Caspar Goethe, weiß man, dass er 1773 seine Kloake erstmals lee-ren ließ – nach 40 Jahren der Sammlung sicherlich ein schwerwiegender Entschluss, der gut bedacht sein wollte, aber zweifellos bei Familie und Nachbarn mit Beifall auf-genommen wurde.

Zuständig für die Leerung der Sickergruben waren der städtische Henker und seine Gehilfen, die so in Zeiten, in denen kaum noch jemand hingerichtet wurde, einen krisensicheren, wenn auch anrüchigen Nebenverdienst hatten. Die Exkremente, welche die maskierten Herren aus den Sickergruben hievten, wurden anschließend ohne große Umstände in den Main gekippt. Dort vermischten sie sich dann mit den Abwässern der Sachsenhäuser Färber, Gerber und Brauereien – und mit denen des Frankfurter Schlachterviertels, das mit mehr Traditionsbewusstsein als Verstand mainaufwärts etabliert war, so dass Blut und Schlachtabfälle offen durch die Stadt flossen. Wenn sie denn flossen, denn in heißen und trockenen Sommern konnte es durchaus vorkommen, dass der Main sich in ebenso zähen wie fauligen Schlamm verwandelte, der ein erstaunliches Beharrungsvermögen und wenig Neigung zeigte, die Stadt zügig zu verlassen. Wer im Frühjahr in Oberrad Kohlstecklinge im Main pflanzte, konnte sie im Sommer in Niederrad ernten.

Bereits im 16. Jahrhundert hatte sich die Erkenntnis durchgesetzt, dass der mangelhafte Zustand der Frankfurter Abwasserentsorgung – von einer Kanalisation konnte beim besten Willen keine Rede sein – nicht nur unerfreulich war, sondern auch die Ausbreitung von Krankheiten und Epidemien begünstigte. Die Stadtregierung gab regelmäßig Erlasse und Verordnungen zur Sauberkeit in der Stadt heraus, die jedoch genauso regelmäßig ignoriert wurden:

Als ergeht hiermit die nochmalige ernstliche Verordnung, dass sich niemand, es sei Bürger oder Beisasse, von nun an

und ins künftige, bei sonst unfehlbar zu gewarten haben-
der Obrigkeitlichen Strafe, unterstehen solle, einigen
Kummer, Kerschel, Sand und andern Unrat, absonderlich
bei starkem Platzregen, in die Flößer und Antauchen, zu
deren und der Stadtgräben schädlichen Verstopfungen,
noch auf die öffentlichen großen Plätze, Ecken und sonst
auf die Gassen zu schütten, sondern vielmehr den Kerschel
und andern Unrat vor das Tor bringen zu lassen.[37]

Der sorglose Umgang mit dem „Kerschel" änderte sich erst
1866. Die preußischen Truppen, welche die Stadt besetzten und annektierten, wären wohl am liebsten gleich wieder umgekehrt. Es war ein heißer Sommer und über der
Stadt lag eine Glocke aus Hitze, Fliegen und Fäulnis, die
man vom Taunus aus sehen konnte. Die Unnachgiebig-
keit, mit welcher der preußische Kommandant die Kontri-
butionszahlungen einforderte, ist nur mit außerordentlich
schlechter Laune und Gereiztheit, ausgelöst durch einen
allgegenwärtigen fauligen Mief, zu erklären.

Wo der Frankfurter Stadtrat über Jahrhunderte hinweg
halbherzig geschludert hatte, machte der preußische Ober-
bürgermeister Daniel Heinrich Mumm von Schwarzen-
stein Nägel mit Köpfen. In Hamburg und anderen Städten, in denen die sanitären Verhältnisse ähnlich archaisch
waren, hatten bereits Epidemien gewütet. Besonders
gefürchtet war die Cholera, die in den 1830er Jahren aus
Indien nach Europa gekommen war und in den hiesigen
Sickergruben und Abzugsgräben einen fruchtbaren Nähr-
boden gefunden hatte. Im Gegensatz zu den bekannten
europäischen Seuchen, an denen man eher langsam
siechte, sorgte die Cholera für ein erschreckend schnelles

Dahinscheiden, dem binnen Tagen ganze Straßenzüge zum Opfer fallen konnten.

Dergleichen war auch in Frankfurt zu befürchten. Außerdem plante man in Frankfurt neue Stadtviertel außerhalb der Wallanlagen, unter anderem das noble Westend. Dort Kloakengruben und offene Abflusskanäle einzurichten, kam überhaupt nicht in Frage.

Die Stadt beauftragte den englischen Ingenieur William Lindley und dessen Sohn William Heerlein Lindley mit der Planung und dem Bau einer modernen Schwemmkanalisation. Bereits 1867 begannen die beiden mit der Arbeit, zehn Jahre später wurden am Opernhaus in der Bockenheimer Anlage die ersten Kanalisationsrohre verlegt und 1897 ging die erste Kläranlage in Betrieb.

Die Frankfurter waren natürlich zunächst unzufrieden, wie mit allem, was neu und modern daherkommt – und noch dazu von den ungeliebten preußischen Besatzern eingeführt wurde. Man sei früher auch zurechtgekommen, Rohre unter der ganzen Stadt, was das koste, das bisschen Gestank sei ja gar nicht so schlimm, vor allem in kalten Wintern nicht, man kenne sich ja gar nicht mehr aus, und ähnliches ramenterte der Frankfurter, der früher mit geschlossenen Augen alleine am Geruch erkennen konnte, an welcher Straßenecke er gerade stand – aber der Erfolg gab der Kanalisation recht.

Das System der Herren Lindley ist bis heute in Betrieb, mittlerweile angewachsen auf eine Gesamtlänge von 1.600 Kilometer Rohrleitungen, und vermutlich das größte, unsichtbarste und gleichzeitig unverzichtbarste Bauwerk der Stadt. In der städtischen Buchhaltung ist die Frankfurter Kanalisation mit einer halben Milliarde Euro bewertet, aber in ihrer segensreichen Wirkung ist sie tatsächlich unbezahlbar. Die Schöpfer dieses beeindruckenden Bauwerks sind allerdings heute weitgehend vergessen, was vermutlich das Schicksal von Kanalbaumeistern ist. Nur zwischen Ostbahnhof und Osthafen erinnert noch eine Straße an die beiden Herren.

Aber wenn heute in Frankfurt noch irgendetwas stinkt, dann ist es der neben der Heizung vergessene Handkäs.

---

[37] Frankfurter Ratsverordnung vom 19. September 1743.

Als die dampfgefüllte Lokomotive gleich einem
mutigen Riesenrosse wieherte, als der dämonische Pfiff
ertönte, bei dessen gellendem Schall die Welt von einem
panischen Schrecken ergriffen wurde, als die imposante
Wagenburg sich allmählich zum Flug anschickte, da war
jedes Herz von einer freudigen, nie gefühlten Bewegung
ergriffen. Wo will das alles hinaus?
Ein hessischer Augenzeuge[38]

Der Hesse und die Eisenbahn

Als Fahrgast in einer S-Bahn zwischen Frankfurt und Wiesbaden kann es passieren, dass man kurz vor Höchst von einem mulmigen Gefühl beschlichen wird, das mit kurzzeitiger nervöser Unruhe, Schweißausbrüchen und plötzlicher Niedergeschlagenheit einhergeht. Ähnliches kann kurz vor Hattersheim geschehen, und wird auch aus D-Zügen, ICEs und Regionalbahnen berichtet. Dieses Phänomen hat jedoch nichts mit einem plötzlich aufkeimenden Misstrauen gegenüber der Deutschen Bahn und ihren Dienstleistungen zu tun, auch nicht damit, dass man als Frankfurter nunmehr das ursprüngliche Stadtgebiet verlassen hat und sich quasi im Ausland befindet. Die Missstimmung hat ihren Ursprung vielmehr im kollektiven hessischen Gedächtnis. Kurz gesagt, der Hesse vergisst nichts, auch nicht die Erlebnisse und Erfahrungen seiner Vorfahren, und schon gar nicht so traumatisierende Ereignisse wie diejenigen, die sich an besagter Bahnstrecke abgespielt haben.

Man kann das kollektive hessische Gedächtnis übrigens selbst testen, wozu man lediglich an einer belebten Straßenkreuzung einen Hessen oder eine Hessin nach dem Weg fragen muss. Natürlich ist es heutzutage – zumal in Großstädten – nicht ganz einfach, einen eingeborenen Hessen zweifelsfrei als solchen zu identifizieren, aber wenn man auf die freundliche Anfrage, wie man zum Eschenheimer Tor oder zum Hauptbahnhof gelange, die Antwort erhält „Was geht des misch an?" oder „Isch steh Ihne bestimmd ned im Weesch" oder auch einfach „Ei, dann geh doch, du Simbel", dann hat man es geschafft. Auch die manchmal neugierig, manchmal misstrauisch geäußerte Gegenfrage „Was wolle Sie dann da?" kann als Indiz dafür gewertet werden, dass man es mit einem Eingeborenen zu tun hat. Die raue Herzlichkeit, die aus Worten und Tonfall spricht, sollte man weder ernst noch persönlich nehmen. Mit beharrlichem Nachfragen – höflich, aber selbstbewusst – wird man dem Hessen gewiss mit einiger Geduld und Standhaftigkeit eine Wegbeschreibung abringen können. Diese wird jedoch mit ziemlicher Sicherheit als Orientierungspunkte längst abgerissene Gebäude, seit Jahrzehnten aufgegebene Straßenbahnlinien sowie Geschäfte beinhalten, die schon vor Generationen Besitzer und Namen gewechselt haben, und das mehrfach.

„Da gehsde am Häddi vorbei, un an de Haupdpost, dann an de Straaßebahn reschds weg, unn am Rundschauhaus vobbei, dann bisde schon da." Hertie, die Hauptpost, die Straßenbahn an der Hauptwache, das Rundschauhaus, das ist natürlich alles Geschichte. So wie das Frankfurter Waldstadion ja nun auch ganz anders heißt, was aber von den Frankfurtern beharrlich ignoriert wird.

Es ist so, als lebe der Hesse in seiner eigenen Welt, in der Stadtpläne und Architektur der letzten Jahrhunderte zu einer virtuellen historischen Topografie verschmolzen sind. Merkwürdigerweise wird dieses kollektive Gedächtnis nicht nur durch Geburt von Generation zu Generation weitergegeben, sondern auch von Zugezogenen bereits nach wenigen Jahren übernommen. Die Gründe hierfür sind jedoch unbekannt. Ein letzter Hinweis zum Thema Wegbeschreibung: Sollte der Hesse im Verlauf des Gesprächs von dieser abkommen und ins Erzählen geraten („Da bin isch ma, also des muss neununvierzisch gewese sein, oder, naa, neununfuffzisch. Des muss isch Ihne jedz erzähle, also …"), dann ist man gut beraten, weiterzugehen und jemand anderen nach dem Weg zu fragen, es sei denn, man hat viel Zeit. Nichts liebt der Hesse mehr als dummes Geschwätz und wenn er erst einmal damit angefangen hat, dann ist er so schwer zu bremsen wie der Orientexpress am Nikolaustag 1901. Aber davon später.

Als 1836 die Idee einer Bahnstrecke zwischen Frankfurt und Wiesbaden aufkam, hielt kaum jemand für möglich, dass ein derart visionäres Vorhaben tatsächlich umgesetzt werden könnte. In Deutschland gab es bisher nur zwei vergleichbare Unternehmungen: die Strecken zwischen Nürnberg und Fürth sowie zwischen Leipzig und Dresden. Das Problem sah man weniger in der technischen Umsetzung – was in Franken und Sachsen funktionierte, konnte in Hessen ja gar nicht scheitern. Nein, die größte Herausforderung bestand vielmehr darin, dass die Bahnstrecke durch die Territorien von drei unterschiedlichen souveränen Staaten führte, denn zwischen der Freien Stadt Frankfurt und dem Herzogtum Nassau lag noch das Großherzogtum Darmstadt. Die Verhandlungen dauerten so lange, dass bis zur Einigung drei weitere Bahnstrecken in Deutschland eröffnet wurden, aber alleine die Tatsache, dass schließlich alle drei Staaten dem Projekt sowie der Linienführung zustimmten, wurde bereits als Sensation betrachtet. Dahinter konnten technische Herausforderungen wie Brückenbauten über 16 Flüsse und Bäche sowie andere herausragende Ingenieurleistungen nur zur Marginalie verblassen. Die Einigung wurde allerdings auch dadurch erleichtert, dass die Bahnlinie privat finanziert werden sollte. Weder von der Stadt Frankfurt noch von den beteiligten Herzögen wurde also ein finanzielles Engagement erwartet. Der Ansturm auf die Aktien der Eisenbahngesellschaft war beträchtlich: Bei der Ausgabe der Anteilsscheine soll es zu handgreiflichen Auseinandersetzungen zwischen kaufwilligen Bürgern gekommen sein, bei denen buchstäblich die Fetzen flogen. Insgesamt wurden Aktien für 500.000 Gulden ausgegeben, die jedoch am Ende mehr als vierzigfach überzeichnet waren.

Hessen war im Eisenbahnfieber. Ungewöhnlich schnell wurde das Unternehmen dann auch umgesetzt. In Frankfurt wurde an der Gallusanlage der Taunusbahnhof gebaut, man stellte vorsichtshalber den Ingenieur ein, der bereits für die Strecke Nürnberg-Fürth verantwortlich war, importierte zwei englische Lokomotivführer und erstand zwei Lokomotiven, die erwartungsfroh „Blitz" und „Greif" genannt wurden. Schon am 23. Juni 1839 war Jungfernfahrt, die von Frankfurt nach Höchst führen sollte. Eine neue Zeit war angebrochen – oder war jedenfalls zum Greifen nah, denn der „Blitz" blieb wie von selbigem getroffen kurz vor Höchst in Nied auf freier Strecke stehen.

Heute würde die Ansage lauten: „Wegen einer Verzöge-rung im Betriebsablauf kommt es derzeit zu Verspätungen. Will saache, mir bleibe jedz ersdema hier stehe und gugge, was passierd. Isch waas nämlisch aach ned was los is."

Stehenbleiben war allerdings im Juni 1839 keine Option. Der Großteil der Passagiere bestand aus Aktionären der Eisenbahngesellschaft. Man fürchtete einen gigantischen Kursverlust, wenn nicht sogar den sofortigen Konkurs, wenn bekannt würde, dass die Bahn nicht einmal die kurze Strecke nach Höchst schaffte und aus ungeklärter Ursache stehen blieb.

Also stiegen die Herrschaften aus, krempelten die Ärmel hoch und zogen den Zug nach Höchst. Auch bei der vierten Probefahrt, die diesmal schon bis nach Hattersheim führte, mussten die Passagiere mit anpacken: Der Zug entgleiste und musste wieder auf die Schienen gehoben werden, erneut unter Mithilfe der Passagiere, zu denen diesmal vor-wiegend lokale Honoratioren gehörten. Es kam allmählich die Vermutung auf, dass auch im regulären Verkehrsbetrieb die tatkräftige Mitarbeit der Passagiere erwartet werde.

Auch Hohn und Spott blieben nicht aus, denn die Gele-genheit, sich über das Scheitern eines waghalsigen Unter-nehmens lustig zu machen, ließen sich die Hessen nicht nehmen. Letztendlich war die Eisenbahn auch auf dieser Strecke ein Erfolgsmodell. Aber selbst wenn die anfängli-chen Unglücke irgendwann in Vergessenheit gerieten, es blieb ein unterbewusstes kollektives Unbehagen – und die vage Ahnung, dass man eventuell aussteigen und den Zug nach Wiesbaden ziehen muss.

Weitgehend folgenlos ging dagegen ein weitaus spekta-kuläreres Eisenbahnunglück an Frankfurt vorüber: Am Nikolaustag des Jahres 1901, morgens gegen fünf Uhr, kam der Wien-Oostende-Express samt einem Kurswagen des Orientexpresses im erst 13 Jahre zuvor eröffneten Frankfurter Hauptbahnhof nicht wie geplant mit einem sachten Ruckeln am Bahnsteig zum Stehen, sondern über-rollte, begleitet von großem Getöse, den Prellbock am Ende des Gleises ebenso wie den dahinterliegenden Quer-bahnsteig samt Zeitungskiosk, durchbrach dann die Wand zum Wartesaal erster Klasse und blieb schließlich leise schnaufend zwischen den bereits zum Frühstück gedeck-ten Tischen stehen. Wie sich schnell herausstellte, gab es keine Verletzten – einige Passagiere hatten das Unglück sogar verschlafen und erfuhren erst später aus der Sensati-onspresse, dass sie offenbar nur um Haaresbreite dem sicheren Tod entgangen waren. Als klar wurde, dass man niemandem die Schuld für das Unglück in die Schuhe schieben konnte[39], entschloss man sich, wie in Frankfurt üblich, das Beste aus der Situation zu machen, nämlich Geld: Die Lokomotive im Wartesaal samt der Trümmer wurde gegen Bezahlung zur Besichtigung freigegeben und noch Jahre später, als die Trümmer längst beseitigt waren, verkauften sich Postkarten der im Wartesaal gestrandeten Lokomotive wie warme Fleischwurst.

Der Vollständigkeit halber muss noch erwähnt werden, dass die Eisenbahn in Hessen nicht überall auf ungeteilte Begeisterung stieß. Der Graf von Schlitz beispielsweise sträubte sich lange gegen die Anbindung seiner Grafschaft an das Eisenbahnnetz, da er fürchtete, dass die Züge seine Auerhähne – und damit auch seine hochwohlgeborenen

Jagdgäste – vertreiben und ihn selbst beim Klavierspiel stören würden. Andere wiederum argwöhnten, dass auch eine Eisenbahn ihrer Stadt nicht zu größerer Bedeutung verhelfen würde. In Ernst Niebergalls *Datterich* beschreibt der Drehermeister Dummbach die Zweckhaftigkeit des neuen Verkehrsmittels für Darmstadt so:

> *En bedeidender Nutze, ohne Froog. Nemme-Se nor, wieviel reise dann an Dammstadt vabei, die wo sonst ihr Lebdaag net vabeigerahst wehrn.*[40]

---

[38] Zitiert nach Walter Gerteis, Das unbekannte Frankfurt, Bd. 1, Frankfurt 1960.

[39] Dem Lokomotivführer konnte man zwar nichts beweisen, aber er hatte das Unglück auch nicht verhindert, und man brummte ihm deshalb kurzerhand eine symbolische Geldstrafe auf. Damit war der Gerechtigkeit wenigstens formaljuristisch Genüge getan und der Fall konnte zu den Akten gelegt werden.

[40] Ernst Niebergall: Datterich. Localposse in der Mundart der Darmstädter in sechs Bildern, Stuttgart 1984, 6. Bild, 9. Szene.

Dank

Ich danke allen, die mir Hinweise auf hessische Merkwürdigkeiten gegeben haben, z. B. auf das Frankfurter Kamelgulasch, landgräfliche Bigamie und auf ethnologische Feldforschung in südhessischen Dörfern. Außerdem danke ich schon jetzt allen Lesern, die mich auf sträfliche Versäumnisse hinweisen werden, etwa darauf, dass die Eroberung von Priscilla Beaulieu durch Elvis Presley, die Eroberung von Gibraltar durch Georg von Hessen-Darmstadt oder die Eroberung des Weltraums durch das ESA-Kontrollzentrum in Darmstadt unbedingt hätte erwähnt werden müssen. Hätte ich tun können. War aber kein Platz mehr. Später vielleicht. Trotzdem danke!

Und Dirk und Martin danke ich wie immer für Beistand, Beratung und Bier.

Ausgewählte Literatur

Gerd Bauer, Heiner Boehncke, Hans Sarkowicz: Das große Hessenlexikon, Frankfurt 2008.

Walter Gerteis: Das unbekannte Frankfurt, 3 Bde., Frankfurt 1960-1963.

Hans Herder (Hg.): Hessisches Auswandererbuch. Berichte, Chroniken u. Dokumente zur Geschichte hessischer Einwanderer in die Vereinigten Staaten 1683 - 1983; ein hessischer Beitrag zum 300. Jahrestag d. ersten deutschen Einwanderung in Amerika, Frankfurt 1983

Gerd Kittel (Hg.): RheinMain – Netzwerke, Frankfurt 2003.

Hans Sarkowicz: So sahen sie Hessen. Eine kulturgeschichtliche Reise in historischen Berichten, Stuttgart 1988.

Uwe Schultz (Hg.): Die Geschichte Hessens, Stuttgart 1983.

Martin Maria Schwarz, Ulrich Sonnenschein (Hg.): Hessen riskant. Orte des Scheiterns in Hessen, Marburg 2000.

Bildnachweis

S. 23, 43, 68, 87 und 110: Christoph Jenisch

S. 28: The Evening News. San Jose 3. Juli 1905, S. 3.

S. 37: Mit freundlicher Genehmigung des Verlags Hoffman und Campe, Hamburg.

S. 46: Aus: Denis Papin, Fasciculus dissertationem de novis quibusdam machinis, Marburg 1695.

S. 97: Universitäts- und Landesbibliothek Darmstadt.

S. 126: Aus: Berichte der Deutschen Chemischen Gesellschaft, 23 (1890).

Der Autor

Christoph Jenisch wurde 1967 in Frankfurt geboren und studierte dort Geschichte und Physik. Währenddessen arbeitete er als Theaterbeleuchter, Layouter und Buchverkäufer. Zusammen mit Martin Beer, mit dem er in den neunziger Jahren das Kabarett-Duo „Die Nasen von Nauru" bildete, veröffentlichte er 2005 seinen ersten Roman. Seitdem schreibt er Artikel, Romane und satirische Betrachtungen lokalhistorischer Ereignisse. Christoph Jenisch ist überzeugter Frankfurter und abhängig von Handkäs und Grüner Soße.

Mehr zu Christoph Jenisch: www.jenisch.de